# Funktionelles

# Krafttraining

# mit dem

# Gymnastikband

# Funktionelles Kraftraining

## mit dem

# Gymnastikband

## Grundlagen & Übungskatalog

Stefan Schurr

Bibliografische Information der Deutschen Nationalbibliothek:
Die Deutsche Nationalbibliothek verzeichnet diese Publikation
in der Deutschen Nationalbibliografie; detaillierte bibliografische
Daten sind im Internet über www.dnb.de abrufbar.

Copyright Stefan Schurr – Winterbach 2017

Herstellung und Verlag:

BoD - Books on Demand, Norderstedt


ISBN-13: 978-3-8423-4749-6

# Inhalt

# Vorwort

Das funktionelle Krafttraining hat sich sowohl im Fitness- als auch im Leistungssport einen festen Platz erobert. Und das zu Recht!

Nachdem in den letzten Jahrzehnten das vorausgegangenen Jahrhunderts vor allem das Training einzelner Muskeln im Mittelpunkt des Interesses stand, entwickelte sich in den 2000er Jahren zunehmend ein Fokus auf das sogenannte funktionelle Krafttraining. Es ist zweckorientiert und trainiert einerseits das Zusammenspiel der Muskulatur innerhalb einer Bewegung sowie andererseits auch die Muskeln, die die wichtige Aufgabe der Stabilisierung einzelner Gelenke innerhalb einer Bewegung wahrnehmen. Denn nur wenn sie harmonisch zusammenwirken werden komplexe Bewegungsaufgaben effizient und ökonomisch ausgeführt.

Mehrdimensionale Übungen entsprechen sowohl sportartspezifischen Bewegungen als auch Alltagsabläufen und damit den natürlichen Bewegungsmustern unseres Körpers. Das Augenmerk liegt nicht ausschließlich auf mehr Kraft sondern ebenso auf Bewegungsökonomie, Gleichgewicht und Stabilität. Diese Eigenschaften spielen vor allem bei dynamischen Bewegungen eine ganz entscheidende Rolle.

Somit sorgt es für eine harmonische und umfassende körperliche Ausbildung und damit auch dafür, dass der Athlet belastbarer wird. Sowohl im Alltag als auch im Sport. Funktionelles Krafttraining wirkt einseitiger Muskelentwicklung entgegen und verbessert durch die komplexen Trainingsanforderungen -die durch labile Übungsbedingungen zusätzlich verstärkt werden können- auch die Gelenkstabilität.

Damit trägt funktionelles Krafttraining dazu bei, dass Sportler über eine *größere Belastungsverträglichkeit* verfügen. Sie sind *weniger verletzungsanfällig* und damit auch generell *leistungsfähiger.*

Das Gymnastikband aus Latex ist ein sehr beliebtes und geradezu ideales Hilfsmittel für das funktionelle Krafttraining. Es ist kostengünstig, leicht zu transportieren und in unterschiedlichen Stärken erhältlich. Damit ist es sehr vielfältig einsetzbar. Der Widerstand ist abhängig von seiner Dehnung, so dass es dem Leistungsstand des Athleten optimal angepasst werden kann.

Wegen dieser Flexibilität und Effektivität wird es auch oft als das „*kleinste Fitnessstudio der Welt*" bezeichnet.

Im ersten Teil dieses Buches werden Prinzipien, Wirkungsweisen und Methoden des funktionellen Krafttrainings dargestellt. Der Aspekt der Übungsdurchführung -speziell mit dem Einsatz des Gymnastikbandes- bildet die Grundlage für den zweiten Teil des Buches, dem Übungskatalog. Hier werden dann zahlreiche Übungen vorgestellt, die sich durch den Einsatz labiler Untergründe oder veränderter Ausgangspositionen weiter variieren und dem Leistungsstand des Sportlers anpassen lassen.

Somit sind die Voraussetzungen für eine vielseitiges, abwechslungsreiches und sehr effektives Training mit dem Gymnastikband geschaffen.

# Funktionelles Krafttraining

Ob Laufen, Springen, Werfen oder komplexere Bewegungsabläufe wie sie in Kampf-, Spiel- und vor allem kompositorischen Sportarten vorkommen: Jede dieser Bewegungen ist ein komplexes und fein koordiniertes Zusammenspiel mehrerer Muskeln. Isolierte Muskelaktivität gibt es so gut wie nie. Auch im Alltag nicht. Diesem Gesichtspunkt versucht das funktionelle Krafttraining gerecht zu werden: Statt Muskeln einzeln auszubilden werden komplexe Bewegungsabläufe trainiert. Mehrdimensionale Übungen entsprechen sportartspezifischen Abläufen und damit auch den natürlichen Bewegungsmustern unseres Körpers, so dass sich Kraft, Koordination und Beweglichkeit, die sich dadurch entwickeln, optimal auf die Zielsportart übertragen lassen. Dabei liegt das Augenmerk nicht ausschließlich auf mehr Kraft sondern ebenso auf Bewegungsökonomie, Gleichgewicht und Stabilität.

Damit unterscheidet sich das funktionelle Krafttraining in diesem Aspekt ganz wesentlich vom isolierten Krafttraining, wie es schwerpunktmäßig immer noch in der Vorbereitung vieler Sportler eingesetzt wird. Hier sind viele Bewegungsabläufe, vor allem die an Fitnessgeräten, durch die Art und Weise des isolierten Muskeltrainings charakterisiert.

## Isoliertes versus funktionelles Krafttraining

Zur deutlichen Abgrenzung von isoliertem und funktionellem Krafttraining schauen wir uns deren unterschiedlichen Zielstellungen und die daraus folgenden Konsequenzen an:

→ Im *isolierten Krafttraining* geht es vorrangig um die Verbesserung der muskulär-energetischen und nervalen Einflussgrößen *innerhalb des Muskels.*

→ *Funktionelles Krafttraining* dient der Verbesserung des *Zusammenspiels der Muskulatur* innerhalb einer komplexen Bewegung.

Isoliertes Training eignet sich damit sehr gut um die Kraft in einzelnen Muskeln oder ausgewählten Muskelpartien zu steigen, birgt aber die Gefahr in sich, dass es bei einseitiger Ausrichtung zu so genannten Muskelfehlsteuerungen führen kann. Es handelt sich hier um ein Ungleichgewicht in der muskulären Ausbildung, das sich dann negativ auf Koordination, Bewegungspräzision sowie Ökonomie bei sportartspezifischen Abläufen auswirkt. Eine weitere mögliche Konsequenz können Verletzungen und Abnutzungserscheinungen durch Über- oder Fehlbelastung der Gelenke, Muskeln und Sehnen sein. Ein Teufelskreis den es unbedingt zu durchbrechen gilt!

Eine Ergänzung des isolierten Krafttrainings durch funktionelles Training wirkt dem beschriebenen Dilemma entgegen. Es steigert die Kraft, verbessert die Haltung und führt damit auch zu größerer Beweglichkeit sowie präziserer Koordination.

Die Frage ist also nicht: Isoliertes oder funktionelles Krafttraining! Es gilt beide Komponenten sinnvoll in das Training zu integrieren, wobei je nach Leistungsvermögen des Athleten, Sportart und Trainingsphase der Schwerpunkt mehr auf der einen oder anderen Seite liegen kann.

## Kinematische Muskelketten

Um Bewegungsabläufe im Alltag oder Sport auszuführen, nutzen wir so genannte kinematische Muskelketten. Darunter versteht man das Zusammenspiel mehrerer Muskeln für eine optimal zeitlich koordinierte und flüssige Kraftübertragung von einer Ausgangs- zu einer Endbewegung. Im Idealfall addieren sich dabei alle Kraft- und Schwungimpulse miteinander. Das Beispiel eines Tennisaufschlages soll dies verdeutlichen:

→ die Aufschlagbewegung wird durch eine Vorwärtsverlagerung des Körpergewichtes eingeleitet

→ der Ball wird mit einer Körperaufrichtung und Gewichtsverlagerung nach hinten hochgeworfen, der Schläger gleichzeitig über den Kopf nach oben gebracht

→ durch die Körperspannung wird diese Kraft weitergeleitet und verstärkt

→ eine Rotation des Oberkörpers um die Längsachse unterstützt und verstärkt den Kraftimpuls weiter, womit auch die Schlagschulter von hinten nach vorne gebracht wird

→ durch die Schlagbewegung des Armes aus der Schulter wird der Impuls auf den Unterarm übertragen und durch die Streckung des ganzen Armes weiter verstärkt

→ der letzte Kraftimpuls kommt dann abschließend aus dem Handgelenk, das zum Zeitpunkt des Treffpunktes gleichzeitig nach vorne/unten klappt.

Richtig koordiniert und im Bewegungsablauf optimiert, ergibt die Summe all dieser Kraftimpulse einen möglichst harten und effektiven Aufschlag. Die Ursache des Ganzen ergibt sich aus der kinematischen Muskelkette. Die drei großen kinematischen Ketten des Körpers sind für das Training besonders interessant:

→ die *ventrale Kette*, die sich auf der Vorderseite des Körpers vom Kopf bis zu den Zehenspitzen erstreckt

→ die *dorsale Kette*, sie umfasst die gesamte rückwärtige Muskulatur vom Kopf bis zu den Fersen

→ die *laterale Kette*, die sich entlang der Körperseite erstreckt

Ergänzend zu diesen drei großen Muskelketten gibt es viele weitere, die dann auch bei Rotations- und Drehbewegungen ihren Beitrag zur Kraftentwicklung leisten. Muskelketten ergeben sich aus der Bewegungsanforderung, das Beispiel des Tennis-Aufschlags verdeutlicht dies.

Was an dieser Betrachtung im Zusammenhang mit funktionellen Krafttraining besonders interessant ist, ist die Tatsache, dass wir innerhalb einer Bewegung immer nur so effektiv und kraftvoll arbeiten können, wie es das schwächste Glied der betroffenen kinematischen Kette zuläßt. Daher wird beim funktionellen Training sehr viel Wert auf das Core-Training (Körperkern $\equiv$ Rumpfmuskulatur) gelegt. Der Körperkern nimmt bei fast allen Bewegungen eine Schlüsselrolle ein. Wir benötigen eine starke Rumpfmuskulatur um Kräfte möglichst effektiv auf Gliedmaßen zu übertragen.

## Gelenkstabilisation

Die Muskeln des menschlichen Organismus lassen sich in Ihrer Funktion ganz grob in zwei Klassen einteilen. Erstens in die Muskeln, die für ein Gelenk eine stabilisierende Funktion wahrnehmen. Und zweitens in die, die im Gelenk für die Bewegung zuständig sind. Erstere bezeichnet man als Stabilisatoren, zweitere als Mobilisatoren. Stabilisatoren können zusätzlich in lokale und globale Stabilisatoren unterteilt werden.

*Lokale Stabilisatoren* werden auch gerne als die tiefliegenden Muskeln des Körpers bezeichnet, sie setzen sehr nahe an der Drehachse des Gelenks an und haben die primäre Stütz- und Schutzfunktion für das Gelenk. Sie sind damit für die Feinjustierung und vor allem statische Stabilität des Gelenks verantwortlich. Sie haben keine Bewegungsfunktion und bestehen daher aus ausdauernden, langsam kontrahierenden Fasern. Um ihrer Funktion gerecht zu werden, weisen lokale Stabilisatoren immer eine leichte Muskelspannung auf.

*Globale Stabilisatoren* können größere Kräfte abfangen und unterstützen die lokalen in ihrer Funktion. Sie können auf mehrere Gelenke wirken und sind für die Kontrolle und das Gleichgewicht in einer Bewegung zuständig.

*Mobilisatoren* sind die oberflächlichen Muskeln unseres Körpers und für Bewegungen im Gelenk verantwortlich. Meist überbrücken sie zwei Gelenke. Mobilisatoren sind für schnelle, explosive Bewegungen zuständig.

Manche Muskeln können je nach Situation sowohl als globale Stabilisatoren als auch als Mobilisatoren arbeiten.

# Sensomotorisches Training

Das sensomotorische Training ist ein Teilaspekt des funktionellen Krafttrainings, das speziell die so genannte „Tiefensensibilität" und reflektorische Muskelaktivität des Körpers schult. Durch dieses Training werden Körperwahrnehmung, Bewegungsökonomie sowie Gelenkstabilität verbessert.

Vor allem der letzte Punkt ist für eine wirkungsvolle Verletzungsprophylaxe ganz wichtig, denn lokale Stabilisatoren können nicht auf herkömmlich Art trainiert werden. Ihre Aufgabe besteht ja gerade darin, dass Bewegungen unterbunden werden und damit das Gelenk stabilisiert wird. Hier greift das sensomotorische Training. Indem durch die gleichzeitige Verarbeitung zusätzlicher äußerer Reize neue Bewegungs- oder Stabilisierungsanforderungen gestellt werden, verändern sich Spannungs- und Bewegungsmuster der Muskulatur. Der Sportler muss sich entsprechend darauf einstellen.

Für den Sportler bedeutet das auch, dass durch Übungen unter instabilen Bedingungen die Bewegungssicherheit geschult und verbessert werden kann.

So hat das sensomotorische Training vor allem zwei Zielsetzungen:

1. **Verbesserung der funktionellen Gelenkstabilität**

   Die funktionelle Gelenkstabilität wird maßgeblich durch den veränderlichen Muskeltonus zu jedem Zeitpunkt einer Gelenkverschiebung bestimmt und ist damit ein wichtiger Schutzmechanismus für das Gelenk. Durch sensomotorisches Training wird die neuromuskuläre Reaktionsbereitschaft wesentlich verbessert. Die Gelenkstabilität wird optimiert, was wiederum einen Beitrag zur Verletzungsprophylaxe leistet.

2. **Kontrolle und Erlernen von Bewegungsmustern**

   Ein Teil des sensomotorischen Trainings dient auch dazu, neue Bewegungsmuster zu meistern oder alte wieder neu zu erlernen. Dies ist beispielsweise nach einer verletzungsbedingten Pause der Fall. Die damit verbundene Inaktivität führt zu einer verminderten Gelenkstabilität. Ziel des sensomotorischen Trainings ist es dann, möglichst schnell und möglichst nah wieder an das alte Bewegungsmuster zu gelangen.

Die Wirkungen des sensomotorischen Trainings lassen sich folgendermaßen beschreiben:

→ Verbesserung der inter- und intramuskulären Reaktion der Muskulatur

→ Erweiterung des Bewegungsspektrums

→ Gute Haltungsstabilität durch muskelaufbauende Wirkung

→ Ökonomischer Krafteinsatz bei Alltags- und Sportbelastungen

→ Verbesserte Reaktionsmöglichkeit auf externe Reize

→ Verbesserung des Körpergefühls

→ Verbesserung des Gleichgewichtsvermögens

Wie beim Koordinations- und Techniktraining führt ein häufiges Wiederholen der Bewegungsmuster zu spezifischen Anpassungserscheinungen. Mit der Zeit werden Bewegungen ökonomischer ausgeführt und sind mit größerer Stabilität und geringerem Krafteinsatz durchführbar.

Generell sollte sensomotorisches Training nach folgender Reihenfolge absolviert werden:

→ vom Bekannten zum Unbekannten

→ vom Leichten zum Schwierigen

→ vom Einfachen zum Komplexen

Übungen können unter zwei unterschiedlichen Aspekten erschwert werden:

1. **veränderte Sensorik:** durch verschiedene Maßnahmen werden unter Zusatzbedingungen oder -aufgaben variable Sinnesempfindungen vermittelt. Der Athlet muss sich so den veränderten Umweltbedingungen anpassen. Ein Beispiel ist die Verwendung einer labilen Unterlage, so dass daraus größere Anforderungen an das Gleichgewicht resultieren.

2. **eingeschränkte Sensorik:** die Übung wird durch ausgeschaltete Sinne erschwert, andere Sensorsysteme des Organismus werden zu verstärkter Aktivität herangezogen, beispielsweise wird dies durch das Schließen der Augen erzwungen.

Beim sensomotorischen Training ist die Konzentration auf die zu verbessernden Prozesse der Bewegungssteuerung die alles entscheidende Komponente. Koordinative Anforderungen müssen über das „normale" Maß hinaus erhöht werden. Dies geschieht mit vielfältigen und ungewohnten Bewegungsaufgaben sowie neuen, veränderten, und „kniffligen" Übungsbedingungen.

Sensomotorisches Training sollte grundsätzlich in ermüdungsfreiem Zustand erfolgen. Der Athlet sollte für ein effektives Training folgende Hinweise berücksichtigen:

→ konzentriert üben

→ koordinative Schwierigkeiten **aktiv** bewältigen

→ bewusst mit der Bewegungsausführung auseinandersetzen

# Trainingseffekte

Somit bietet der Einsatz des funktionellen Krafttrainings für den Sportler vor allem folgende Vorteile:

→ *Leistungssteigerung* in der Spezialsportart durch Verbesserung:

  → komplexer Bewegungsmuster

  → der Muskelansteuerung durch das zentrale Nervensystem

  → der Beweglichkeit

  → der Schnelligkeit

  → der Kraft

→ *Verletzungsprophylaxe* durch:

  → Verbesserung der Gelenkstabilität

  → Vermeidung einseitiger Muskelentwicklung

Damit trägt funktionelles Krafttraining dazu bei, dass der Sportler über eine *größere Belastungsverträglichkeit* verfügt sowie *weniger verletzungsanfällig* und generell *leistungsfähiger* ist. Funktionelles Krafttraining ist somit sowohl zur Gesunderhaltung und Fitness im Breiten- als auch zur Leistungssteigerung im Spitzensport geeignet.

Funktionelles Krafttraining kann und sollte ganzjährig betrieben werden. Für Leistungssportler liegt der Schwerpunkt sicherlich in der Vorbereitungsperiode, in der die Grundlagen für den weiteren Saisonverlauf in der Spezialsportart gelegt werden. Um die erarbeiteten Grundlagen zu konservieren, sollte es aber auch in der Wettkampfsaison in vermindertem Umfang beibehalten werden.

# Krafttraining mit dem Gymnastikband

Das Gymnastikband ist ein sehr beliebtes und geradezu ideales Hilfsmittel für das funktionelle Krafttrainings. Es ist kostengünstig, leicht zu transportieren und in unterschiedlichen Stärken erhältlich. Damit ist es sehr vielfältig einsetzbar. Der Widerstand ist abhängig von seiner Dehnung, so dass es dem Leistungsstand des Athleten optimal angepasst werden kann. Der Widerstand ist an der Farbe des Bandes erkennbar.

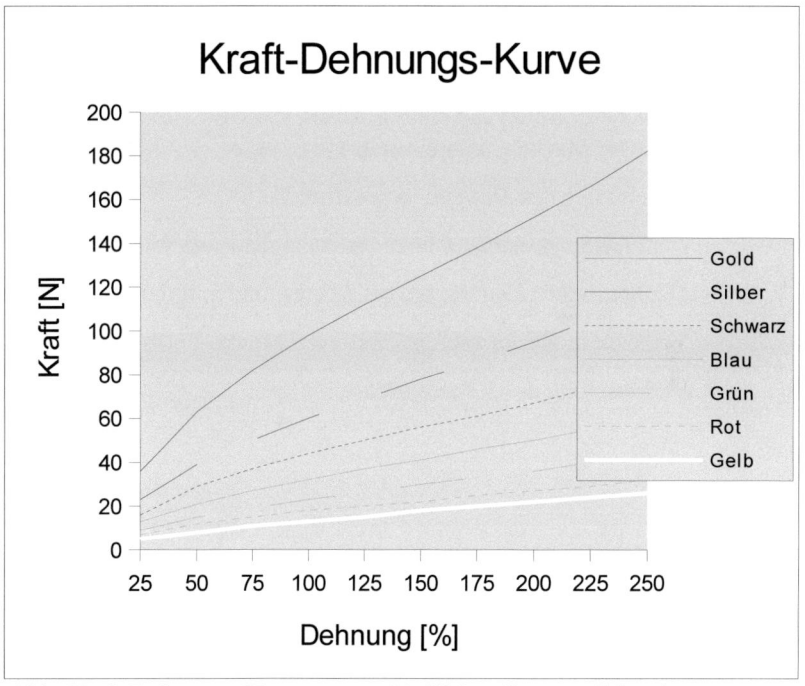

*Abb: Kraft-Dehnungs-Kurve unterschiedlicher Gymnastikbänder*

# Wirkungen & Vorteile

Das Gymnastikband bietet neben dem reinen Kräftigungseffekt auf die oberflächliche Skelettmuskulatur durch seinen losen, ungeführten Zug auch hervorragende Voraussetzungen für das Training der Gelenkstabilisatoren. In Verbindung mit labilen Untergründen lassen sich Effekte auf die Sensomotorik weiter verstärken. Dies wirkt sich positiv auf die Gelenkstabilisierung aus. Und damit natürlich auch auf eine wirkungsvolle Verletzungsprophylaxe. Zusätzlich verbessert sich durch dieses Training auch die Körperwahrnehmung.

Die Wirkungen des Trainings lassen sich folgendermaßen beschreiben:

→ Erhöhung der *Muskelkraft*

→ Verbesserung der *inter- und intramuskulären Reaktion* der Muskulatur (innerhalb eines Muskels sowie im Zusammenspiel mehrerer Muskeln untereinander)

→ Erweiterung des *Bewegungsspektrums*

→ Gute *Haltungsstabilität* durch muskelaufbauende Wirkung

→ *Ökonomischer Krafteinsatz* bei Alltags- und Sportbewegungen

→ Verbesserte *Reaktionsmöglichkeit* auf externe Reize

→ Verbesserung des *Körpergefühls*

# Übungsdurchführung

Für optimale Trainingseffekte sind einige Hinweise und Prinzipien für die Durchführung der Übungen ganz hilfreich. Sie bilden die Grundlage und Eckpfeiler für ein effektives funktionelles Training.

## Konzentration

Die permanente Aufmerksamkeit in jeder Bewegungsphase ist ein entscheidendes Kriterium für die Schulung von Koordination und Eigenwahrnehmung. Daher steht die *Qualität der Bewegung vor der Quantität der Wiederholungszahlen*!

## Rumpfstabilisierung

Die Rumpfmuskulatur bildet im funktionellen Krafttraining das *Schlüsselelement aller Bewegungen*. Sie ist einem Kern vergleichbar. Der Rumpf gibt dem gesamten Körper während der Übungsausführung seine Stabilität und richtet die Wirbelsäule gerade und aufrecht aus. Daher ist die Aktivierung der Körpermitte mit seiner rumpfstabilisierenden Muskulatur bei allen Übungen extrem wichtig.

Die Schlüsselstellung nimmt der *quere Bauchmuskel* ein: bei fast allen Bewegungen der Extremitäten ist er der erste Muskel der zur Stabilisierung des Körpers aktiviert wird. Der Bauch sollte während der Bewegungsausführung immer *unter leichter Spannung* sein. Er sollte flach auf den Hüftknochen aufliegen, so als wollten Sie den Bauchnabel von einer imaginären Gürtelschnalle wegziehen. Halten Sie den Bauch straff, aber atmen Sie dabei gleichmäßig und tief weiter.

# Hüftstabilisierung

Die Hüfte ist das zweite tragende Element für die Übungsausführung. Vor allem Bewegungen in den Beinen haben hier ihren Ursprung. Aktivieren Sie bei den Übungen also neben dem Bauch vor allem auch die *Gesäßmuskulatur*. Mit beweglichen und stabilen Hüftgelenken können Sie Ihre Kraft in der Beinmuskulatur optimal ein- und umsetzen.

# Schulterstabilisierung

Die Schultermuskulatur ist eine wichtige Komponente für Bewegungen sowie die Haltung im Oberkörper. Von der Schulter gehen die Bewegungen der Arme aus, ebenso ist sie in Verbindung mit der oberen Rücken- und Nackenmuskulatur für eine aufrechte Haltung von Rücken und Kopf mitverantwortlich. Versuchen Sie bei allen Übungen die *Schulterblätter hint-en zusammen* zu führen und *locker nach unten* in Richtung Gesäß fließen zu lassen.

# Atmung

Eine *gleichmäßige Atmung* unterstützt den Bewegungsfluss und bestimmt den Bewegungsrhythmus. Außerdem fördert ein gutes Atemmuster die Verbindung zwischen Beckenboden und Zwerchfell und gibt damit dem Rumpf zusätzliche Stabilität. Dazu wird in einer *seitlichen Rippenatmung* in der Phase der Muskelkontraktion -meist verbunden mit einer Rumpfaufrichtung- ein- und in der Phase der Rückbewegung -meist verbunden mit einer Rumpfbeugung- ausgeatmet. Eine Pressatmung ist unter allen Umständen zu vermeiden!

## Bewegungsfluss

Der Körper ist ein zusammenhängendes Gebilde. *Wir trainieren Bewegungen* und nicht die Muskulatur einzelner Körperteile. Die Muskeln unterschiedlicher Körperregionen beeinflussen sich während der Übungsausführung gegenseitig. Und hier hat dann wieder der Körperkern als Stabilisator und Initiator der Bewegungen seine tragende Rolle. Wenn Sie auf den Bewegungsfluss achten, wird das Zusammenspiel der Muskulatur gefördert und ökonomisiert sowie die Balance des Körpers verbessert. Das kommt Ihnen sowohl bei Alltagsbewegungen als auch in Ihrer Spezialsportart zu Gute.

## Zug des Gymnastikbandes

Die Zugrichtung des Gymnastikbandes hat Einfluss auf den Widerstand und die Wirkung des Trainings. Bei 90° ist der Widerstand maximal, unter 30° ist kein effektiver Trainingswiderstand mehr gegeben. Achten Sie also bei der Fixierung des Bandes darauf, dass der Zug möglichst rechtwinklig zu dieser erfolgt.

Wichtig ist auch, dass das Gymnastikband während der gesamten Bewegung unter Spannung steht. Achten Sie darauf, dass es bei allen Übungen bereits in der Ausgangsposition einen leichten Zug hat.

## Fixierung

Um ein Abrutschen des Gymnastikbandes zu verhindern, kann es am Körper unterschiedlich fixiert werden. Die gebräuchlichsten sind die Fixierungen an Hand, Fuß sowie Beinen. Die folgenden Darstellungen verdeutlichen die verschiedenen Möglichkeiten.

## Handwicklung

Bei der *einseitigen Fixierung* wird das Bandende zum kleinen Finger hin in die Hand gelegt. Dann wird das Band ein Mal um die Hand gewickelt und mit den Daumen fixieren. Reicht diese Fixierung nicht aus, so können Sie das Band auch ein zweites Mal um die Hand wickeln.

Bei der *beidseitigen Wicklung* wird das Band flach und mit den Enden in Richtung kleiner Finger auf die Hände gelegt. Dann werden die Handflächen nach innen gedreht und das Band ein mal um die Hände gewickelt.

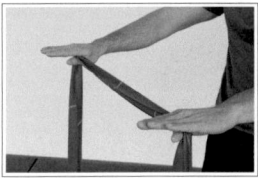 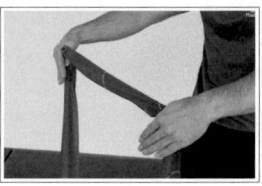 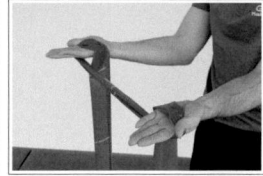

Halten Sie die Hangelenke bei den Bewegungen, bei denen das Gymnastikband mit den Händen fixiert wird, immer in Verlängerung des Unterarms und vermeiden Sie ein abknicken im Gelenk.

## Fußfixierung

Legen Sie das Gymnastikband über den Fußrücken und überkreuzen Sie es unter den Fußballen, so dass die beiden Enden von den Ballen nach oben ziehen.

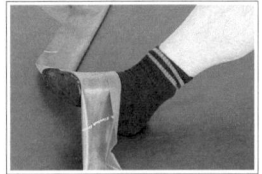 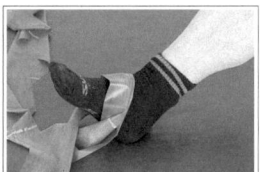 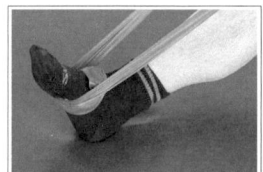

### Schenkel/Hüftfixierung

Legen Sie das Gymnastikband von unten um die Schenkel/Hüfte und überkreuzen es auf der Vorderseite. Der Zug geht dann nach unten.

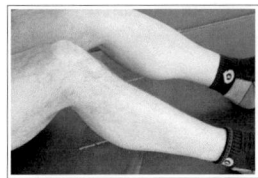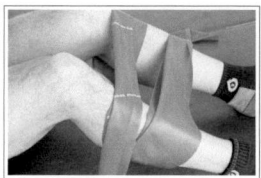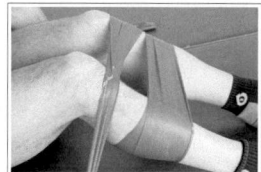

## Unterlage / Ausgangsposition

Durch Variation der Unterlage kann der Schwierigkeitsgrad der Übung verändert werden. Setzen Sie sich auf einen Pezziball oder stellen sich auf eine labile Unterlage (Matte, AeroStep,...) dann wird die Ausführung zusätzlich erschwert.

Auch die Wahl der Ausgangsposition hat meist einen Einfluss auf den Schwierigkeitsgrad der Übung. Am Augenscheinlichsten ist das beim Übergang vom hüftbreiten stabilen Stand in den Einbeinstand. Meist bestehen auch weitere Alternativen in der Wahl der Ausgangsposition.

# Methoden im Krafttraining

Die Wiederholungsanzahl für die Übungsdurchführung ist vom Trainingsziel abhängig:

Zum Aufbau von **Kraft** und **Muskelmasse** werden pro Satz 8-15 Wiederholungen durchgeführt.

Beim Trainingsziel **Kraftausdauer** kann die Übungszeit entsprechend verlängert werden und durchaus auch mehr als 20 Wiederholungen oder bis zu einer Minute Dauer umfassen.

Das reine *Maximalkrafttraining*, das hauptsächlich die nervale Ansteuerung (intramuskuläre Koordination) der Muskulatur trainiert, kommt beim Training mit dem Gymnastikband nicht zum Einsatz.

Übungen zur Schulung der *Sensomotorik* sollten in möglichst erholtem Zustand durchgeführt und bei eintretender Ermüdung abgebrochen werden. Meist reichen 10 bis maximal 15 Wiederholungen pro Übung vollkommen aus. Mehr als 20 bis maximal 30 Minuten sensomotorisches Training ist normalerweise nicht sinnvoll, da dann Konzentration und Bewegungsqualität erste Ermüdungserscheinungen aufweisen.

| | Kraftausdauertraining | Muskelaufbautraining | Maximalkrafttraining | Sensomotorik |
|---|---|---|---|---|
| Intensität | gering | mittel | hoch | gering – hoch |
| Wiederholungen | 15 - 30 | 8 - 15 | 5 - 8 | 10 - 15 |
| Satzzahl | 2 - 4 | 2 - 4 | 2 - 4 | 2 - 4 |
| Satzpause | 30 - 60s | 60 - 120s | 120 - 180s | 60 - 90s |
| Ausführung | langsam, kontinuierliche Spannung | langsam, Betonung der exzentrischen Phase (nachgebend) | explosive Kontraktion, langsam in exzentrischer Phase | langsam bis explosiv, konzentriert |

# Planung des Krafttraining

Um optimale Trainingsfortschritte zu erzielen, sollte das Training von Zeit zu Zeit variiert werden. Man geht dabei so vor, dass man für die unterschiedlichen Methoden Phasen von 6 bis 8 Wochen einplant. Generell empfiehlt sich die folgende Phaseneinteilung:

1.  **Phase: Kraftausdauertraining:** Durch die hohen Wiederholungszahlen des Kraftausdauertrainings werden die Stoffwechsel-

vorgänge im Muskel optimiert und damit vor allem die Ermüdungswiderstandsfähigkeit verbessert. Damit setzt man in dieser Phase die Voraussetzungen für die nachfolgenden intensiveren Krafttrainingszyklen.

2. **Phase: Muskelaufbautraining:** Durch die geringeren Wiederholungszahlen und höheren Intensitäten wird das Muskelwachstum in dieser Trainingsphase stimuliert. Das ist die Voraussetzung für höhere Kraftleistungen auch in der Spezialsportart.

3. **Phase: Maximalkrafttraining:** In dieser Phase spielen sich Anpassungen im wesentlichen auf neuromuskulärer Ebene ab, also im Zusammenspiel von Muskulatur und Nervensystem. Als gute Ergänzung dient hier auch das Schnellkrafttraining, das hauptsächlich Effekte auf neuronaler Ebene bewirkt.

---

**Kraftausdauertraining**

- Erhöhte Ermüdungswiderstandsfähigkeit der Muskulatur
- Verbesserte Kapillarisierung und Nährstoffversorgung

=▶ *primär Anpassungen im muskulären Stoffwechsel*

---

**Muskelaufbautraining**

- Muskelzuwachs durch Dickenwachstum der Muskelfasern

=▶ *primär stukturelle Anpassungen der Muskelfasern*

---

**Maximalkrafttraining**

- Erhöhung des Kraftniveaus
- Verbessertes Zusammenspiel Muskulatur/Nervensysten

=▶ *primär neuromuskuläre Anpassungen Muskulatur/Nerven*

Die einzelnen Phasen des Krafttrainings müssen an das Periodisierungs-
schema der Spezialsportart angepasst werden, die letzte Phase fällt normalerweise in die Phase der speziellen Vorbereitung, an deren Anschluss die
Wettkampfphase beginnt. Das sensomotorische Training wird begleitend in
allen Phasen durchgeführt.

# Trainingsdurchführung

Jedes Training sollte stets mit einem Aufwärmen beginnen, daran anschließend erfolgt der eigentliche Hauptteil, auf den das Ziel der Trainingseinheit
ausgerichtet ist. Nach dem Hauptteil sollte das Abwärmen den Abschluss
des Trainings bilden. Dadurch werden erste Regenerationsprozesse im
Organismus eingeleitet

## Aufwärmen

Das Aufwärmen vor dem eigentlichen Training ist wichtig und dient
mehreren Zielen:

→ physische und psychische Einstimmung auf das Training

→ Erhöhung der Körperkerntemperatur um den Ablauf bio-
chemischer Stoffwechselprozesse zu beschleunigen, die
Nervenleitgeschwindigkeit zu erhöhen sowie die Durchblutung der Muskulatur anzuregen.

→ Mobilisation des Herz-Kreislaufsystems um den Blutfluss in
den Gefäßen zu verstärken und damit die Muskulatur besser
mit Sauerstoff und Nährstoffen zu versorgen.

→ Verletzungsprophylaxe durch die verbesserte Kontraktions-
fähigkeit der Muskulatur und die vermehrte Produktion von
Gelenkflüssigkeit.

→ Mobilisation des gesamten aktiven Bewegungsapparats um

die Beweglichkeit in den Gelenken zu erhöhen und die im nachfolgenden Hauptteil durchgeführten Bewegungsmuster anzubahnen.

Das klassische Aufwärmen mit der Kreislaufaktivierung durch laufen, rudern oder radeln ist etwas aus der Mode gekommen und wird dem daran anschließenden Athletikraining auch nicht ganz gerecht.

Zunächst findet eine allgemeine Kreislaufaktivierung und Mobilisierung des gesamten Organismus statt. Hier bieten sich gymnastische Übungen wie Arm- und Beinkreisen oder Seilspringen an. Durch den dynamischen Einsatz großer Muskelgruppen und weit ausladender Bewegungen findet eine umfassende allgemeine Aktivierung des Kreislaufs sowie aller Gelenke statt. Eine anschließende Mobilisierung der großen Gelenke durch dynamische Dehn- und Schwungübungen rundet das ganze Aufwärmprogramm ab.

## Hauptteil

Je nach Trainingsschwerpunkt und Zielsetzung kann nach der Mobilisierung und Aktivierung der Ablauf und die Übungsauswahl unterschiedlich gestaltet werden. Eine große Auswahl an Übungen mit dem Gymnastikband folgt im Übungskatalog, so dass sich jeder Athlet sein individuelles Programm zusammenstellen kann.

## Abwärmen

Je nach Intensität und Zielsetzung des Hauptteils kann das Abwärmen eine wichtige Funktion im Rahmen der Regeneration einnehmen. Je intensiver das Hauptprogramm ausgefallen ist, desto größer die Bedeutung des Abwärmens: Das Ziel dieser Maßnahme ist zum einen eine Normalisierung der erhöhten Kreislauffunktionen und zum anderen der schnelle Abtransport von Stoffwechselprodukten sowie eine Tonussenkung der Muskulatur.

Dehnübungen im Rahmen des Abwärmens sind nur bedingt geeignet und sollten nur locker und dynamisch durchgeführt werden. Statisches Dehnen verringert durch Kapillarkompression die Durchblutung innerhalb der Muskulatur, so dass die Sauerstoffversorgung verschlechtert wird. So haben intensive Dehnprogramme nach dem Training einen zusätzlichen belastenden Charakter auf die Muskulatur und keinesfalls den oft erhofften regenerations-fördernden Effekt.

Eine gute Alternative zu Dehnübungen bietet eine Hartschaumrolle, über die die Muskeln nacheinander gerollt und massiert werden können. Dies unterstützt die Durchblutung und leitet die Regeneration wirkungsvoll ein.

Nach einer ersten muskulären Erholung kann auch ein statisches Dehnprogramm durchgeführt werden. Der zeitliche Abstand zum Training sollte dabei mindesten ein bis zwei Stunden betragen. Sportler berichten nach dem Dehnen auch über angenehme Empfindungen und beschreiben einen positiven Effekt auf die psychische Regeneration, so dass das Dehnen gewissermaßen auch zu den psychischen Regenerationsmaßnahmen gezählt werden kann. Eine Kombination mit anderen Entspannungstechniken, wie beispielsweise autogenes Training oder der progressiven Muskelentspannung nach Jakobsen, kann die Effekte zusätzlich verstärken.

# Aufwärmroutine

Nachfolgend wird eine einfache Aufwärmroutine dargestellt. Sie kann bei Bedarf um die eine oder andere Übung, wie zum Beispiel auch Rollungen mit der Hartschaumrolle, ergänzt werden kann.

## Beinschwingen

Aufrechter Stand, ein Bein pendelt aus der Hüfte gestreckt vor und hinter den Körper, das Standbein federt leicht mit, die Hüfte bleibt in der Bewegung aufgerichtet und stabil.

## gekreuzter Armpendel

Hüftbreiter Stand, die gestreckten Arme pendeln vor und hinter den Körper, die Knie federn locker mit der Bewegung mit.

## Gerader Armpendel

Hüftbreiter Stand, die gestreckten Arme pendeln seitlich am Körper vorbei, die Knie federn locker mit der Bewegung mit.

## Holzhacken

Hüftbreiter Stand, die Knie sind leicht gebeugt. Aus dieser Position den gesamten Körper nach hinten -oben strecken, in der gestreckten Position zieht das Brustbein nach vorne, die Hände verzögern mit einer Bewegung in Richtung hinten oben. Anschließend locker nach vorne fallen lassen und die dynamische Bewegung zwischen den Beinen hindurch fortsetzen. Blick, Kopf und Oberkörper folgen jeweils der Bewegung. Als Variation die Bewegung in Richtung oben-links und oben-rechts durchführen.

## Lateraler Squat

Breiter Grätschstand, die Fußspitzen zeigen nach vorne. Das Körpergewicht wird auf eine Seite verlagert, dabei das Gesäß nach hinten schieben und den Rücken gerade halten, das Gewicht ruht auf der Ferse. Jetzt den Körper wieder aufrichten und die Bewegung zur anderen Seite ausführen.

## Stretchingvariante im Vierfüßlerstand

aus dem Vierfüßlerstand eine Hand an eine Kopfseite legen und den Körper nach oben ausrotieren.

## Abschließender
## Mobilisationskomplex

Aus dem Kniestand mit aufgerichteten Oberkörper und ausgestrecktem Arm zur Seite in die Dehnung ausrotieren. Zurück zur Ausgangsposition und den Oberkörper nach vorne absenken, die Hüfte wird dabei aktiv möglichst weit nach vorne unten geschoben. Ohne die Hüftposition zu ändern wird nun die Hand neben dem vorderen Fuß angehoben und der gesamte Oberkörper dreht nach oben aus, der Blick folgt der Hand nach oben. Zurück zur Ausgangsposition und das vordere Bein durchstrecken, dabei wandert die Hüfte nach hinten, der Oberkörper bleibt nach vorne gebeugt. Anschließend zur anderen Seite wiederholen.

# Übungskatalog

In den nachfolgenden Kapiteln sind die für die Bewegung hauptsächlich aktiven Muskeln in der jeweiligen Übung angegeben. In diesen Muskelpartien liegt jeweils der Trainingsschwerpunkt der Übung, wenngleich wir ja die Bedeutung der Rumpf-, Hüft- und Schulterstabilisierung angesprochen haben. Diese Muskeln werden mehr oder weniger immer „mittrainiert" und sind Voraussetzung für die korrekte und optimale Bewegungsausführung!

# Nacken & oberer Rücken

# Kopfdrehen

## Ausgangsposition

→ Stellen oder setzen Sie sich aufrecht hin
und legen das Gymnastikband breit-
flächig um den Hinterkopf. Beide Enden des Bandes laufen seitlich am
Kopf vorbei und überkreuzen sich vor der Stirn. Die Enden halten Sie
seitlich neben dem Kopf.

## Übungsausführung

→ Drehen Sie den Kopf abwechselnd nach links und rechts, behalten Sie
die Länge in der Wirbelsäule bei und wandern mit dem Blick entlang
des Horizonts. Die Arme bleiben während der Bewegung seitlich in ihrer
Position fixiert.

## Varianten

→ Durch Variation der Unterlage kann der Schwierigkeitsgrad der Übung
verändert werden. Setzen Sie sich auf einen Gymnastikball oder stellen
sich auf einen labile Untergrund dann wird die Ausführung erschwert.

# Kopfheben

## Ausgangsposition

→ Stellen oder setzen Sie sich aufrecht
hin. Das Gymnastikband legen Sie
breitflächig um den Hinterkopf, so dass es seitlich am Kopf vorbeiläuft.
Die Enden halten Sie mit einer nach vorne ausgestreckten Hand unter
Spannung.

**Trainierte Muskulatur:**

→ Kopfwender

→ Trapezmuskel

## Übungsausführung

→ Senken Sie den Kopf und heben Sie ihn anschließend gegen den Wider-
stand des Bandes wieder bis zur Senkrechten an. Halten Sie während der
Bewegung Ihre aufrechte Oberkörperposition und die Länge in der
Wirbelsäule.

## Varianten

→ Durch Variation der Unterlage kann der Schwierigkeitsgrad der Übung
verändert werden. Setzen Sie sich auf einen Gymnastikball oder stellen
sich auf eine labile Unterlage dann wird die Ausführung erschwert.

# Kopfseitheben

## Ausgangsposition

→ Stellen oder setzen Sie sich aufrecht hin. Legen Sie das Gymnastikband breitflächig um den Kopf, so dass es seitlich über den Ohren verläuft. Beide Enden des Bandes laufen zu einer Seite am Kopf vorbei. Die Enden halten Sie mit dem seitlich angehobenen Arm unter leichter Spannung.

## Übungsausführung

→ Senken Sie den Kopf zur Seite und heben ihn anschließend gegen den Widerstand des Bandes wieder an. Halten Sie während der Bewegung Ihre aufrechte Oberkörperposition und die Länge in der Wirbelsäule.

## Varianten

→ Durch Variation der Unterlage kann der Schwierigkeitsgrad der Übung verändert werden. Setzen Sie sich auf einen Gymnastikball oder stellen sich auf eine labile Unterlage dann wird die Ausführung erschwert.

# Pfeil & Bogen

## Ausgangsposition

→ Stellen Sie sich in der Schrittstellung aufrecht hin und wickeln das Gymnastikband um die Hände. Die eine wird im neutralen Griff gehalten und nach vorne ausgestreckt, die hintere hält im Obergriff direkt vor der Brust.

## Übungsausführung

→ Ziehen Sie das Gymnastikband mit dem angewinkelten Arm nach hinten und stellen sich dabei vor, Sie wollten einen Bogen spannen. Der Oberkörper rotiert leicht mit, der Blick wandert zur hinteren Hand.

## Varianten

→ Setzen Sie sich auf einen Gymnastikball oder stellen sich auf eine labile Unterlage dann wird die Ausführung erschwert. Oder führen Sie sie im Ausfallschritt aus und gehen während der Bogenspannung optional noch zusätzlich in die Knie.

# Latziehen

**Trainierte Muskulatur:**

→ Breiter Rückenmuskel

→ Rautenmuskel

## Ausgangsposition

→ Stellen oder setzen Sie sich aufrecht hin
   und wickeln das Gymnastikband um die
   Hände. Halten Sie das Band mit gestreckten Armen und unter leichter
   Spannung über dem Kopf.

## Übungsausführung

→ Ziehen Sie mit den Ellenbogen seitlich am Körper nach unten und
   öffnen dabei die Arme zur Seite, so dass das Band hinter dem Rücken
   abgesenkt wird.

## Varianten

→ Durch Variation der Unterlage sowie der Ausgangsposition kann der
   Schwierigkeitsgrad der Übung verändert werden. Führen Sie sie auf
   einem Gymnastikball sitzend, im Kanutenstand oder in der Bauchlage
   aus.

# Rudern eng

## Ausgangsposition

→ Setzen Sie sich mit aufrechtem Oberkörper im Langsitz auf den Boden. Das Gymnastikband legen Sie um die Füße und kreuzen es über den Unterschenkeln. Halten Sie das Band im Neutralgriff unter leichter Spannung in den ausgestreckten Händen.

## Übungsausführung

→ Ziehen Sie das Band nach hinten, die Ellenbogen werden dabei nah am Körper geführt. Am Ende der Bewegung ziehen die Schulterblätter aktiv zur Wirbelsäule, die Schultern bleiben tief.

## Varianten

→ Variieren Sie die Griffhaltung: der Zug kann auch im Unter- oder Obergriff ausgeführt werden. Eine weitere Variante ist der Zug mit einer Einwärts- oder Auswärtsrotation der Arme: Beginnen Sie die Übung mit neutralem Griff und beenden Sie sie im Unter- oder Obergriff.

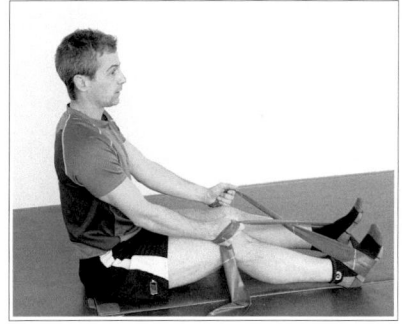 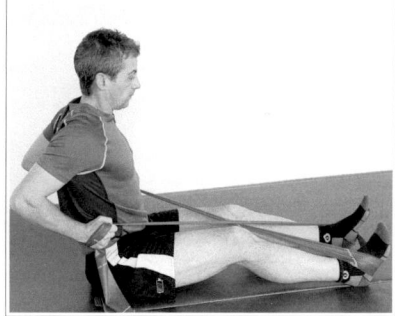

# Rudern weit

**Trainierte Muskulatur:**

→ Breiter Rückenmuskel

→ Armbeuger

→ Trapezmuskel

→ Rautenmuskel

## Ausgangsposition

→ Setzen Sie sich mit aufrechtem Oberkörper im Langsitz auf den Boden. Das Gymnastikband legen Sie um die Füße und kreuzen es über den Unterschenkeln. Halten Sie das Band im Obergriff unter leichter Spannung in den ausgestreckten Händen.

## Übungsausführung

→ Ziehen Sie das Gymnastikband nach hinten, die Ellenbogen führen die Bewegung und sind seitlich ausgestellt. Am Bewegungsende ziehen die Schulterblätter aktiv zur Wirbelsäule, die Schultern bleiben tief.

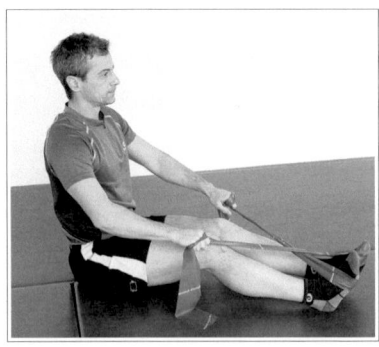 

# Armheben in Bauchlage

### Ausgangsposition

→ Legen Sie sich in der Bauchlage auf
den Boden und legen das Gymnastikband unter die Brust. Die Enden halten
Sie in den seitlich ausgestreckten Händ-
en im Neutralgriff.

**Trainierte Muskulatur:**

→ Rotatorenmanschette

→ Trapezmuskel

→ Rautenmuskel

→ Rückenstrecker

### Übungsausführung

→ Nehmen Sie die Arme in eine leichte Auswärtsrotation, so dass die
Hände vom Boden abheben. Ziehen Sie jetzt die Schulterblätter aktiv
nach innen und heben damit die Arme noch weiter nach oben an.

# Armsenken in Bauchlage

## Ausgangsposition

→ Legen Sie sich in der Bauchlage auf den Boden und strecken die Arme in einem leicht geöffneten V nach vorne. Das Gymnastikband halten Sie unter leichter Spannung im Obergriff.

## Übungsausführung

→ Heben Sie Kopf, Brustbein und einen Arm vom Boden ab, die abgelegte Hand drückt gegen den Untergrund. Die abgehobene Hand senken Sie knapp über dem Boden bis auf Schulterhöhe ab, der Blick folgt der Hand zur Seite. Halten Sie während der Bewegung unbedingt eine leichte Bauchspannung um die Wirbelsäule zu stabilisieren. Beine, Becken und Lendenwirbelsäule sind stabil und gerade ausgerichtet.

## Varianten

→ Indem Sie die Hand bis zur Taille absenken können Sie die Übung erschweren.

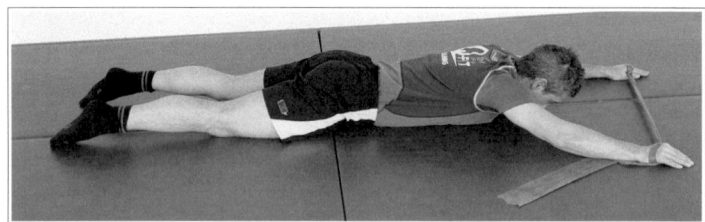

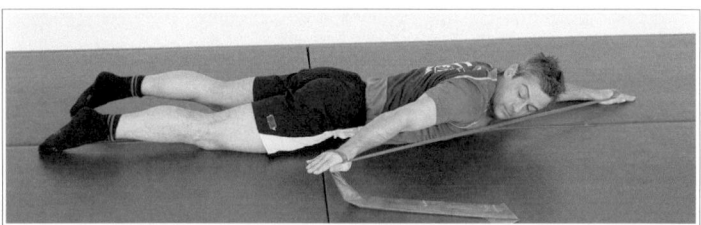

# Brust & Schulter

# Nackendrücken

## Ausgangsposition

→ Stellen Sie sich im hüftbreiten Stand
auf das Gymnastikband und halten die
Enden seitlich neben den Schultern. Die
Ellenbogen sind gebeugt, die Handflächen zeigen nach vorne.

## Übungsausführung

→ Strecken Sie die Arme gerade nach oben.

## Varianten

→ Variieren Sie die Griffhaltung, so dass die Handflächen während der gesamten Bewegung zueinander zeigen. Eine weitere Variante ist die Arm-
streckung mit einer Ein- oder Auswärtsrotation zu kombinieren, so dass
die Handflächen in der Ausgangsposition zueinander (nach vorne) und
in der Endposition nach vorne (zueinander) zeigen.

# Armseitheben

## Ausgangsposition

→ Stellen Sie sich im hüftbreiten Stand auf das Gymnastikband und halten die Enden im neutralen oder Untergriff. Die Arme sind gestreckt, die Hände neben den Oberschenkeln.

## Übungsausführung

→ Heben Sie die Arme seitlich bis knapp unter Schulterhöhe an.

## Varianten

→ Kombinieren Sie die Armbewegung mit einer Auswärtsrotation, so dass Sie die Übung aus dem neutralen Griff starten und die Hände in der Endposition nach oben zeigen.

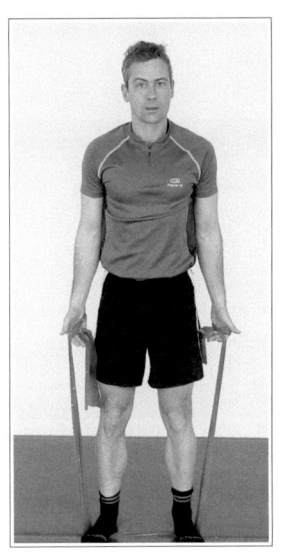 

# Armvorheben

## Ausgangsposition

→ Stellen Sie sich im hüftbreiten Stand
auf das Gymnastikband und halten die
Enden im neutralen oder Untergriff. Die
Arme sind gestreckt, die Hände neben
den Oberschenkeln.

## Übungsausführung

→ Heben Sie die Arme nach vorne bis knapp unter Schulterhöhe an.

## Varianten

→ Kombinieren Sie die Armbewegung mit einer Auswärtsrotation, so dass
Sie die Übung aus dem neutralen Griff starten und die Hände in der
Endposition nach oben zeigen.

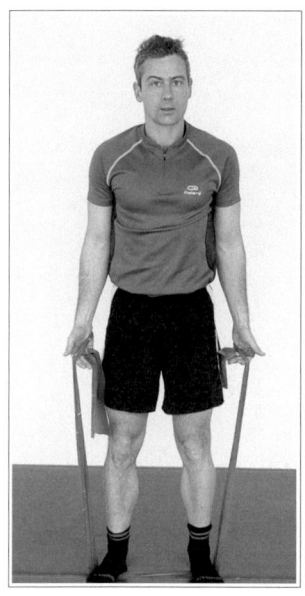

# Armrückheben

## Ausgangsposition

→ Stellen Sie sich in der Schrittstellung mit dem vorderen Fuß auf das Gymnastiband und halten die Enden im neutralen Griff. Die Arme sind gestreckt, die Hände neben den Oberschenkeln.

**Trainierte Muskulatur:**

→ Deltamuskel

→ Breiter Rückenmuskel

→ Großer Rundmuskel

## Übungsausführung

→ Ziehen Sie die gestreckten Arme seitlich am Körper vorbei nach hinten.

## Varianten

→ Die Übung kann auch sehr gut im Kanutenstand (Band unter dem aufgestellten Fuß) ausgeführt werden.

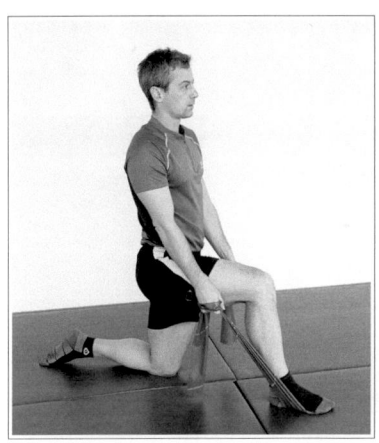 

# Adler

## Ausgangsposition

→ Stellen Sie sich im hüftbreiten Stand auf das Gymnastikband. Die Bandenden halten Sie neben den Oberschenkeln im Obergriff.

## Übungsausführung

→ Heben Sie die Arme mit einer Auswärtsrotation nach vorne/oben bis über Kopfhöhe an. Die Handflächen zeigen in der Endposition nach vorne. Eine labile Unterlage erschwert die Übung zusätzlich.

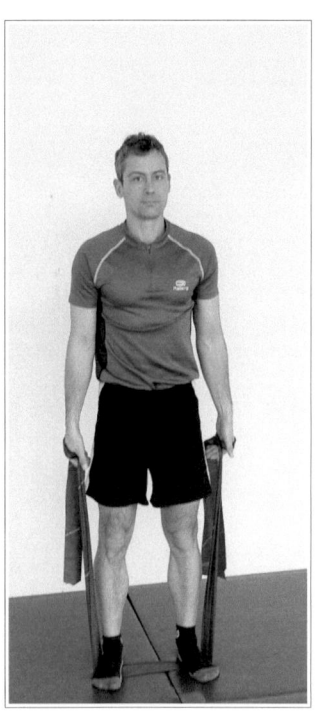

# Rudern aufrecht

## Ausgangsposition

→ Stellen Sie sich im hüftbreiten Stand auf das Gymnastikband. Das Band überkreuzen Sie vor den Unterschenkeln und halten die Enden im Obergriff. Die Hände sind gestreckt vor den Oberschenkeln.

## Übungsausführung

→ Heben Sie die Arme eng am Körper bis auf Brusthöhe an. Die Ellenbogen sind seitlich ausgestellt und befinden sich in der Endposition über Schulterhöhe. Halten Sie während des Zugs die Hangelenke gerade und die Schultern tief.

## Varianten

→ Die Übung kann auch sehr gut auf dem Boden liegend in der Rückenlage ausgeführt werden. Eine labile Unterlage erschwert die Übung zusätzlich.

# Liegestütz

**Trainierte Muskulatur:**

→ Großer Brustmuskel

→ Deltamuskel

→ Armstrecker

## Ausgangsposition

→ Legen Sie sich in der Bauchlage auf den Boden, das Gymnastikband legen Sie über den oberen Rücken. Greifen Sie die Bandenden und stützen sich mit den Händen neben den Schultern ab.

## Übungsausführung

→ Drücken Sie den Körper durch eine Streckung der Arme nach oben. Achten Sie auf eine ausgeprägte Rumpfspannung, der Körper sollte „stabil und fest wie ein Brett" sein.

## Varianten

→ Dadurch dass Sie die Knie auf dem Boden absetzen, können Sie den Schwierigkeitsgrad der Übung verringern.

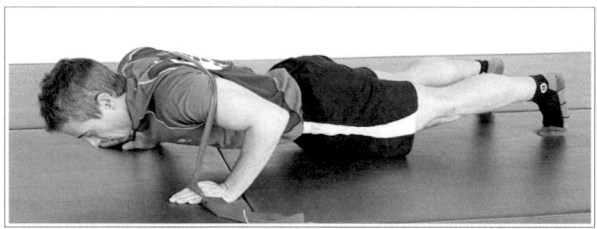

# Butterfly

**Trainierte Muskulatur:**

→ Großer Brustmuskel

## Ausgangsposition

→ Stellen Sie sich in den hüftbreiten Stand, das Gymnastikband läuft über den Rücken um die Schulter. Die leicht angebeugten Arme strecken Sie seitlich aus und halten das Band im neutralen Griff.

## Übungsausführung

→ Führen Sie die leicht gebeugten Arme in Brusthöhe vor dem Körper zusammen.

## Varianten

→ Die Übung können Sie auch sehr gut auf einem Gymnastikball sitzend oder in der Rückenlage auf dem Boden ausführen. In der Rückenlage läuft das Band dann unter dem Körper durch, die Arme werden entsprechend nach oben angehoben.

# Armaußenrotation

## Ausgangsposition

→ Stellen Sie sich in den hüftbreiten Stand und halten das Gymnastikband im Untergriff vor dem Körper. Die Ellenbogen sind seitlich an der Taille fixiert, die Unterarme zeigen gerade nach vorne.

## Übungsausführung

→ Führen Sie beide Hände in der Horizontalen nach außen, die Ellenbogen bleiben während der Bewegung an der Taille fixiert.

## Varianten

→ Die Übung können Sie auch sehr gut auf einem Gymnastikball sitzend durchführen.

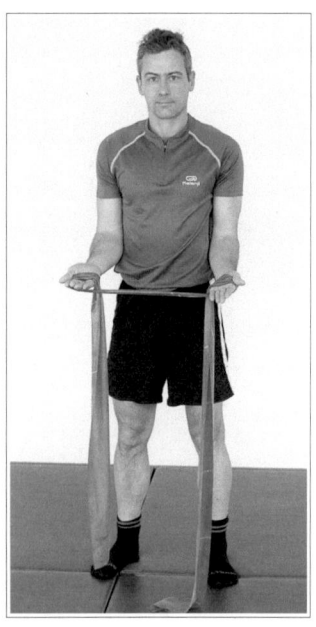
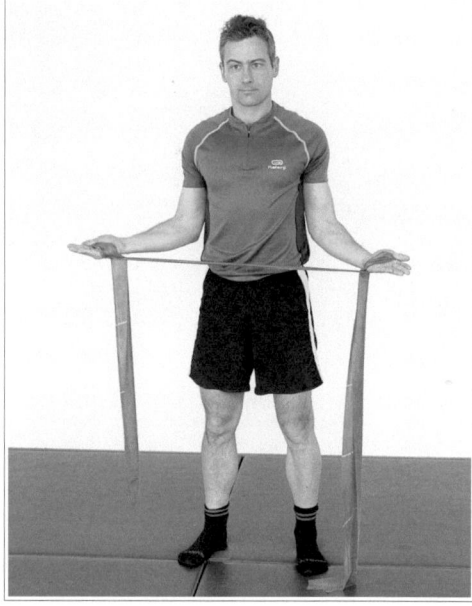

# Arminnenrotation

## Ausgangsposition

→ Stellen Sie sich in den hüftbreiten Stand
und legen das Gymnastikband um den
Rücken. Halten Sie es im Untergriff und fixieren die rechtwinklig angewinkelten Ellenbogen an der Taille. Das Band läuft oberhalb der Ellenbogen.

## Übungsausführung

→ Führen Sie beide Hände in der Horizontalen nach vorne vor den Körper,
die Ellenbogen bleiben an der Taille fixiert.

## Varianten

→ Die Übung können Sie auch sehr gut auf einem Gymnastikball sitzend
durchführen.

# Ober- & Unterarme

# Armbeugen

## Ausgangsposition

→ Stellen Sie sich im hüftbreiten Stand auf das Gymnastikband und halten die Enden im neutralen oder Untergriff. Die Arme sind gestreckt, die Ellenbogen werden in der Taille fixiert.

## Übungsausführung

→ Beugen Sie die Arme gerade nach vorne an, die Ellenbogen bleiben während der Bewegung an der Taille fixiert.

## Varianten

→ Führen Sie die Übung komplett im Untergriff oder mit einer Auswärtsrotation während der Beugung durch: starten Sie im neutralen Griff und beenden die Bewegung im Untergriff.

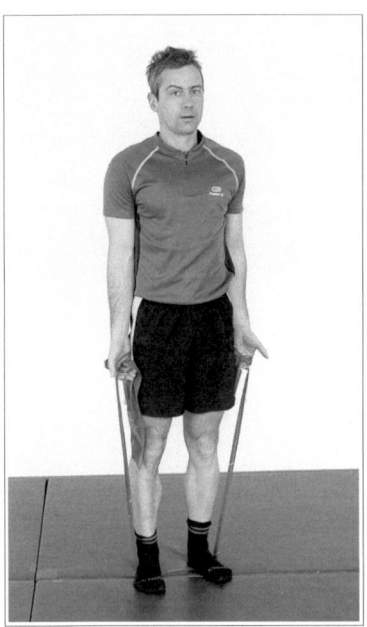 

# Armbeugen sitzend

| Trainierte Muskulatur: |
| --- |
| → Armbeuger |

## Ausgangsposition

→ Setzen Sich sich auf einen Gymnastikball. Das Gymnastikband wickeln
Sie um einen Fuß und stellen sich mit dem anderen darauf. Auf dieser
Seite fixieren Sie den Ellenbogen mit vorgebeugtem Oberkörper am
Oberschenkel und fassen die Bandenden im Untergriff.

## Übungsausführung

→ Beugen Sie den Arm nach oben an, den Ellenbogen halten Sie während
der Bewegung am Oberschenkel fixiert.

# KickBack

## Ausgangsposition

→ Stellen Sie in einer Schrittstellung den vorderen Fuß auf das Gymnastikband. Die Bandenden fassen Sie in neutralem Griff, die Hände sind an
der Taille, die Ellenbogen zeigen nach hinten.

## Übungsausführung

→ Strecken Sie die Unterarme nach hinten, die Oberarme bleiben dabei in
ihrer Position fixiert.

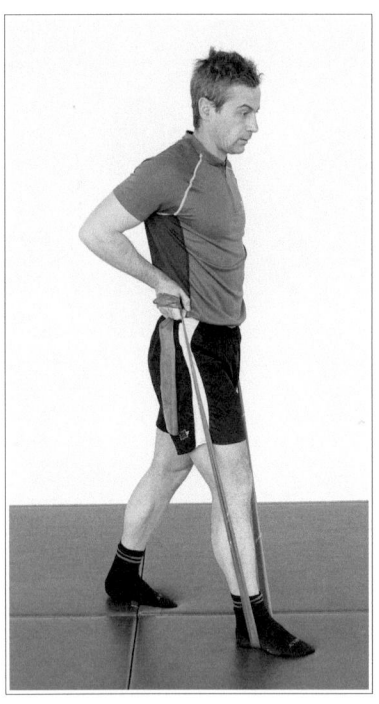

# Kombi Armbeugen/KickBack

**Trainierte Muskulatur:**

→ Armbeuger

→ Armstrecker

### Ausgangsposition

→ Stellen Sie in einer Schrittstellung den vorderen Fuß auf das Gymnastik-band.
Auf der Seite des vorgestellten Beines halten Sie das Band im neutralen Griff an der Taille, der Ellenbogen zeigt nach hinten. Mit der anderen Hand halten Sie das Band mit dem nach unten gestreckten Arm im Untergriff.

### Übungsausführung

→ Führen Sie entsprechend den Übungen Armbeugen und KickBack gleichzeitig ein Beugung im gestreckten und eine Streckung im ange-beugten Arm durch. Achten Sie darauf, dass die Oberarme in ihrer je-weiligen Position fixiert bleiben.

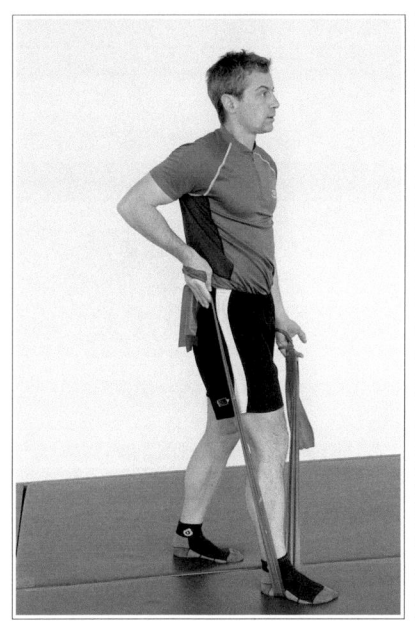 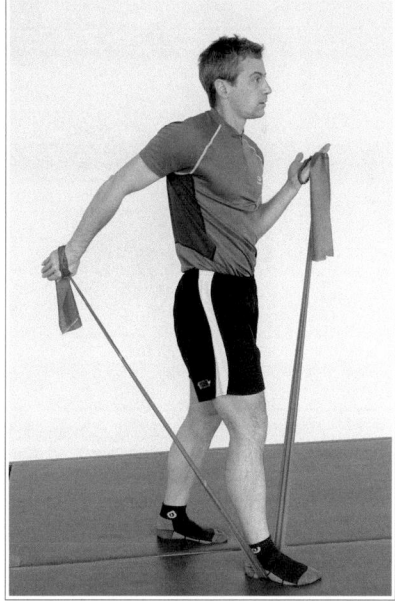

# Armstrecken

## Ausgangsposition

→ Stellen Sie in einer Schrittstellung den hinteren Fuß auf das Gymnastikband. Die Bandenden fassen Sie im neutralen Griff und bringen die
Hände mit abgewinkelten Armen hinter den Kopf, so dass die Ellenbogen seitlich eng am Kopf sind.

## Übungsausführung

→ Strecken Sie die Unterarme gerade nach oben, die Oberarme bleiben
dabei in ihrer Position seitlich am Kopf fest fixiert.

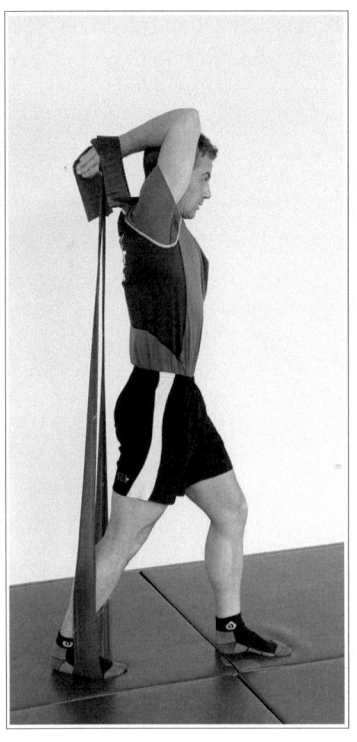 

# Armstrecken seitlich

## Ausgangsposition

→ Stellen Sie sich in den hüftbreiten Stand. Die Enden des Gymnastikbandes greifen Sie so, dass die Oberarme horizontal nach außen zeigen.
Die Ellenbogen sind rechtwinklig gebeugt, die Handflächen zeigen nach
vorne.

## Übungsausführung

→ Strecken Sie die Unterarme, die Oberarme bleiben dabei in ihrer Position fixiert.

## Varianten

→ Die Übung können Sie auch sehr gut auf einem Gymnastikball sitzend
durchführen.

# Armstrecken diagonal

## Ausgangsposition

→ Stellen Sie sich in den hüftbreiten Stand. Die Enden des Gymnastikbandes fassen Sie hinter dem Rücken im neutralen Griff, so dass die
obere Hand auf Schulterhöhe und die untere oberhalb der Taille ist.

## Übungsausführung

→ Strecken Sie die Unterarme im Ellenbogen nach oben bzw. nach unten,
die Oberarme bleiben in ihrer Position fixiert.

## Varianten

→ Sie können die Übung auch abwechselnd nur mit einem Arm durchführen, der jeweils andere bleibt in seiner Position fixiert. Die Übung
können Sie auch sehr gut auf einem Gymnastikball sitzend durchführen.

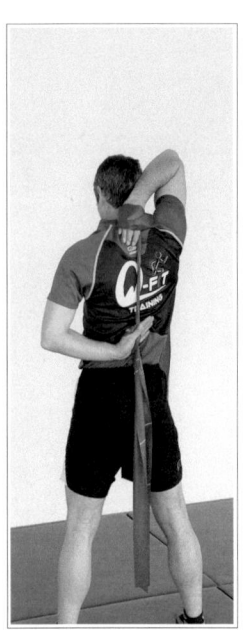  

# Rumpf & Bauch

# Crunch Variante I

Trainierte Muskulatur:

→ Gerader Bauchmuskel

## Ausgangsposition

→ Gehen Sie auf dem Boden in die Rückenlage, die Beine werden angestellt. Das Gymnastikband wickeln Sie um die Hände und legen es mittig über die Oberschenkel. Die gestreckten Arme fixieren das Band unter Zug indem sie seitlich neben den Oberschenkeln gehalten werden.

## Übungsausführung

→ Richten Sie den Oberkörper Wirbel für Wirbel so weit nach oben auf, dass der obere und mittlere Rücken den Boden verlassen. Die Arme bleiben gestreckt, so dass der Zug auf das Band mit der Bewegungsausführung stärker wird.

## Varianten

→ Sie können die Beine auch nach oben anheben, so dass sowohl der Knie- als auch der Hüftwinkel 90° betragen.

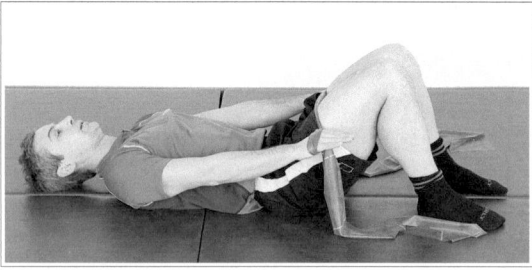

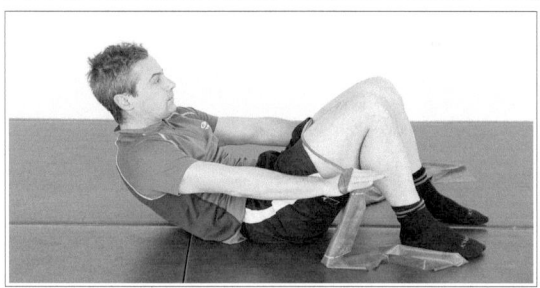

# Crunch Variante II

| Trainierte Muskulatur: |
| --- |
| → Gerader Bauchmuskel |
| → Äußerer & innerer schräger Bauchmuskel |

## Ausgangsposition

→ Gehen Sie auf dem Boden mit aufgestellten Beinen in die Rückenlage. Das Gymnastikband wickeln Sie um die Füße und greifen die Enden. Bringen Sie die Hände mit abgewinkelten Armen hinter den Kopf. Die Ellenbogen sind seitlich ausgestellt, das Gymnastikband verläuft unter dem Rücken und steht unter Spannung.

## Übungsausführung

→ Richten Sie den Oberkörper Wirbel für Wirbel so weit nach oben auf, dass der obere und mittlere Rücken den Boden verlassen. Die Hände liegen nur leicht am Kopf, die Ellenbogen bleiben seitlich ausgestellt.

## Varianten

→ Sie können die Beine bei der Bewegungsausführung auch nach oben anheben, so dass sowohl der Knie- als auch der Hüftwinkel 90° betragen. Außerdem können Sie sich über die Diagonale nach oben aufrichten, dann werden vor allem die schrägen Bauchmuskeln trainiert.

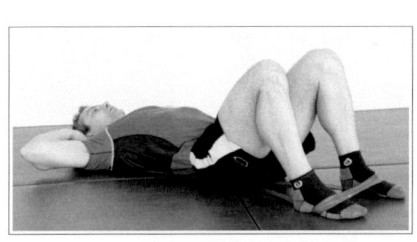

# Crunch Variante III

## Ausgangsposition

→ Gehen Sie auf dem Boden mit ange-
hobenen Beinen in die Rückenlage,
Knie-und Hüftwinkel betragen 90°. Das
Gymnastikband wickeln Sie um die
Unterschenkel, die Hände fixieren es seitlich neben der Hüfte unter
leichtem Zug, die Handflächen zeigen nach unten. Heben Sie Kopf
(Kinn parallel zum Brustbein) und Schulterblätter vom Boden ab.

## Übungsausführung

→ Mit dem Ausatmen pumpen Sie jeweils 3-5 mal kräftig mit den Armen
nach unten. Die Bewegung der Arme kommt aus dem Schultergelenk,
Rumpf und Unterschenkel bleiben fixiert. Achten Sie auf eine ausgeprägte Rumpfspannung (Bauchnabel nach innen ziehen), so dass Sie die
Bewegung mit der Bauchmuskulatur unter Kontrolle halten.

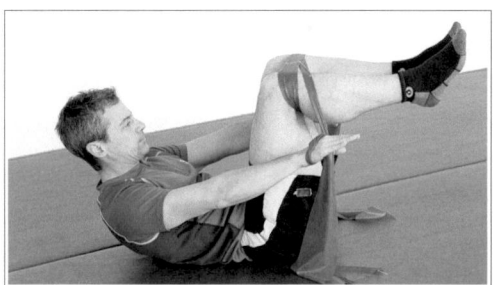

# Zurückrollen

## Ausgangsposition

| Trainierte Muskulatur: |
| --- |
| → Gerader Bauchmuskel |
| → Äußerer & innerer schräger Bauchmuskel |

→ Setzen Sie sich mit angestellten Beinen auf den Boden, das Gymnastikband wickeln Sie um die Füße und fassen die Bandenden im Untergriff. Die Arme sind leicht gebeugt und der Oberkörper aufgerichtet.

## Übungsausführung

→ Ausgehend von der Lendenwirbelsäule rollen Sie Wirbel für Wirbel nach hinten ab. Die Arme bleiben nur leicht gebeugt, so dass der Zug auf das Band mit der Bewegungsausführung stärker wird und Sie bei der anschließenden Aufrichtung unterstützen kann.

## Varianten

→ Mit dem Zurückrollen können Sie gleichzeitig einen Arm in Brusthöhe zur Seite strecken.

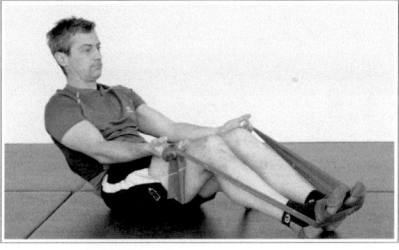

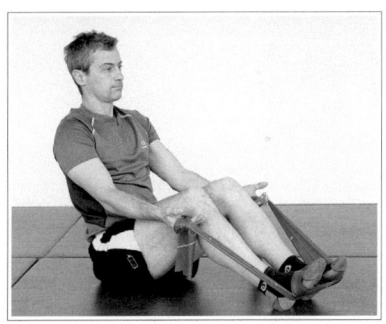

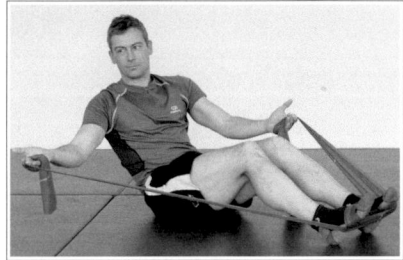

# Beinstrecken

## Ausgangsposition

→ Legen Sie sich mit angehobenen Beinen in der Rückenlage auf den Boden, Knie- und Hüftwinkel betragen 90°. Das Gymnastikband wickeln Sie um die Füße und halten die Enden im neutralen Griff. Die Arme sind im Ellenbogen abgewinkelt und fixieren so das Band neben dem Körper.

## Übungsausführung

→ Strecken Sie beide Beine schräg nach vorne. Achten Sie auf eine ausgeprägte Rumpfspannung (Bauchnabel nach innen ziehen), so dass das Becken stabil bleibt. Laufen Sie Gefahr ins Hohlkreuz „zu fallen", so strecken Sie die Beine etwas mehr nach oben, so dass die neutrale Beckenposition leichter gehalten werden kann.

# Der Käfer

## Ausgangsposition

→ Legen Sie sich mit angehobenen Beinen in der Rückenlage auf den Boden, Knie- und Hüftwinkel betragen 90°. Das Gymnastikband wickeln Sie um die Füße und fassen die Enden mit ange- winkelten Armen im neutralen Griff. Der Rücken wird bis zu den Schulterblattspitzen abgehoben.

## Übungsausführung

→ Strecken Sie ein Bein nach vorne und gleichzeitig nehmen Sie den diag- onalen Arm mit einer Aussenrotation nach hinten.

## Varianten

→ Sie können auch beide Arme und Beine gleichzeitig strecken. Achten Sie dabei auf eine ausgeprägte Rumpfspannung (Bauchnabel nach innen ziehen), so dass das Becken stabil bleibt. Laufen Sie Gefahr ins Hohl- kreuz „zu fallen", so strecken Sie die Beine etwas mehr nach oben, so dass Sie die neutrale Beckenposition leichter halten können.

# Korkenzieher

## Ausgangsposition

→ Legen Sie sich in der Rückenlage auf den Boden, das Gymnastikband wickeln Sie um die Füße und fassen die Bandenden im neutralen Griff. Die Arme sind im Ellenbogen 90° abgewinkelt und fixieren das Band neben dem Oberkörper. Strecken Sie die Beine gerade nach oben.

## Übungsausführung

→ Führen Sie die gestreckten Beine zur Seite, in einem großen Kreis nach vorne und über die andere Seite wieder nach oben. Achten Sie auf eine ausgeprägte Rumpfspannung (Bauchnabel nach innen ziehen), so dass das Becken stabil bleibt. Laufen Sie Gefahr ins Hohlkreuz „zu fallen", so machen Sie die Beinkreise etwas kleiner.

## Varianten

→ Sie können die Kreise auch nur mit einem Bein ausführen. Fixieren Sie das Band an einem Fuß, beugen das andere Bein an oder legen es ausgetreckt auf dem Boden ab.

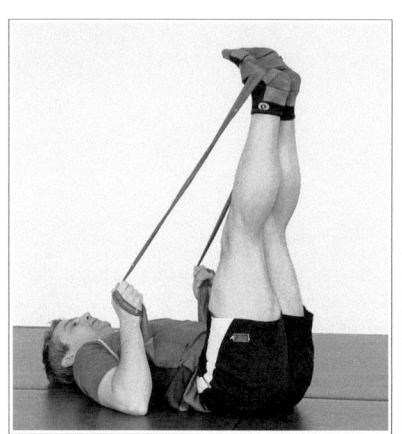 

# Hüftrollen

**Trainierte Muskulatur:**

→ Äußerer & innerer schräger Bauchmuskel

## Ausgangsposition

→ Legen Sie sich mit angehobenen Beinen in der Rückenlage auf den Boden, Knie-und Hüftwinkel betragen 90°. Das Gymnastikband wickeln Sie um die Unterschenkel, die Hände fixieren es neben der Hüfte unter leichtem Zug.

## Übungsausführung

→ Senken Sie die Beine zur Seite, den Kopf drehen Sie gleichzeitig zur Gegenseite. Achten Sie auf eine ausgeprägte Rumpfspannung (Bauchnabel nach innen ziehen), so dass Sie die Bewegung mit der Bauchmuskulatur unter Kontrolle haben. Laufen Sie Gefahr ins Hohlkreuz „zu fallen", so senken Sie die Beine weniger weit ab.

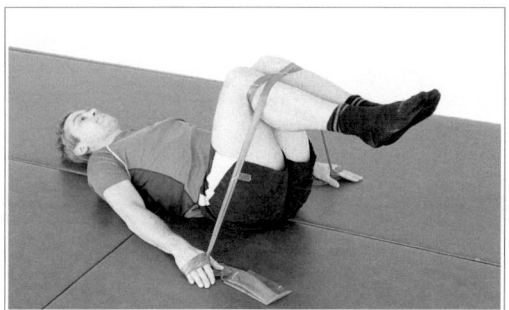

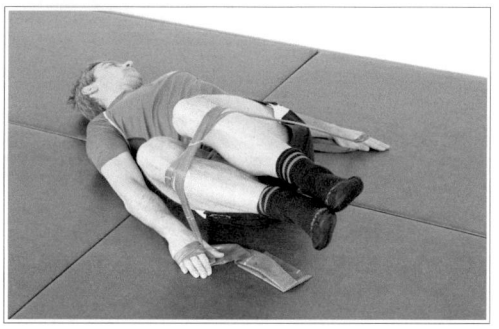

# Beckenheben

## Ausgangsposition

→ Legen Sie sich in der Rückenlage mit angehobenen Beinen auf den Boden, Knie-und Hüftwinkel betragen 90°. Das Gymnastikband wickeln Sie um die Unterschenkel, die Hände fixieren es neben der Hüfte unter leichtem Zug.

## Übungsausführung

→ Indem Sie die Knie senkrecht nach oben schieben heben Sie das Becken vom Boden ab. Die Kraft kommt aus dem unteren Bauch, vermeiden Sie ein heranschieben der Knie zum Oberkörper.

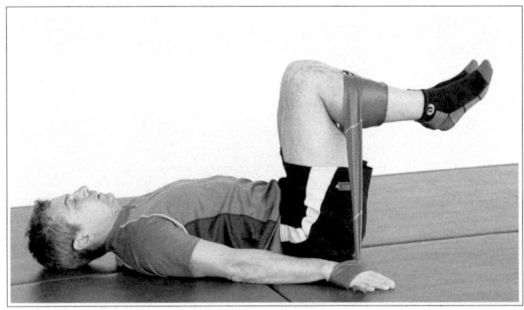

# Rumpfrotation
## Variante I

| Trainierte Muskulatur: |
| :--- |
| → Äußerer & innerer schräger Bauchmuskel |
| → Rückenstrecker |

### Ausgangsposition

→ Setzen Sie sich im Grätschsitz auf den Boden. Das Gymnastikband ist um einen Fuß gewickelt und wird mit den beiden ausgestreckten Händen unter leichter Spannung gehalten. Richten Sie den Oberkörper auf und stellen sich vor, dass Sie dabei am Scheitel senkrecht nach oben gezogen werden.

### Übungsausführung

→ Drehen Sie mit dem Oberkörper zur Seite. Achten Sie darauf, dass der Oberkörper in der Bewegung gerade und aufgerichtet bleibt, versuchen Sie mit der Drehung noch etwas größer zu werden und strecken Sie den Scheitel nach oben.

# Rumpfrotation
## Variante II

**Trainierte Muskulatur:**

→ Äußerer & innerer
schräger Bauchmuskel

→ Rückenstrecker

### Ausgangsposition

→ Setzen Sie sich im Langsitz auf den
Boden. Das Gymnastikband legen Sie um die Füße, die Enden halten Sie
mit den ausgestreckten Händen im Untergriff. Richten Sie den Oberkörper auf und stellen sich vor, dass Sie dabei am Scheitel senkrecht
nach oben gezogen werden.

### Übungsausführung

→ Drehen Sie mit dem Oberkörper und einer Hand zur Seite. Achten Sie
darauf, dass Sie in der Bewegung gerade und aufgerichtet bleiben, der
Blick folgt der Hand nach aussen. Versuchen Sie mit der Drehung noch
etwas größer zu werden und strecken Sie den Scheitel nach oben.

# Rumpfseitneigen

### Ausgangsposition

→ Wickeln Sie das Gymnastikband um
einen Fuß und stellen sich im hüftbreit-
en Stand mit dem anderen darauf. Auf

**Trainierte Muskulatur:**

→ Quadratischer
Lendenmuskel

→ Äußerer & innerer
schräger Bauchmuskel

dieser Seite fassen Sie beide Enden mit dem ausgestreckten Arm im
Untergriff.

### Übungsausführung

→ Neigen Sie den Oberkörper zur bandabgewandten Seite, der Aussenarm
wird mit dem fixierten Band über die Seite nach oben gebracht. Achten
Sie darauf, dass Beine und Hüfte während der Bewegung stabil sind.

# Hüfte, Gesäß & Oberschenkel

# Kniebeugen

## Ausgangsposition

→ Stellen Sie sich im hüftbreiten Stand auf das Gymnastikband und gehen mit geradem Rücken in die Kniebeuge. Die Bandenden halten Sie im neutralen Griff, die Hände werden in der Taille fixiert.

## Übungsausführung

→ Indem Sie die Beine strecken richten Sie sich auf. Achten Sie darauf, dass der Rücken dabei gerade ist.

## Varianten

→ Alternativ können Sie das Band auch über Rücken und Schulter legen und dann vor der Brust mit den Händen fixieren. Durch Variation der Unterlage kann der Schwierigkeitsgrad der Übung verändert werden. Stellen Sie sich auf eine labile Unterlage dann wird die Ausführung erschwert.

# Ausfallschritt

## Ausgangsposition

→ Gehen Sie in den Kanutenstand. Das Gymnastikband ist unter dem vorderen Fuß fixiert, beim hinteren stellen Sie die Fußspitzen an. Halten Sie die Bandenden in neutralem Griff, die Hände fixieren Sie an der Taille.

## Übungsausführung

→ Richten Sie sich auf indem Sie das vordere Bein strecken. Achten Sie darauf, dass der Oberkörper während der Bewegung aufrecht ist.

## Varianten

→ Alternativ können Sie das Band auch über Rücken und Schulter legen und dann vor der Brust mit den Händen fixieren.
Durch Variation der Unterlage kann der Schwierigkeitsgrad der Übung verändert werden. Stellen Sie sich mit einem oder beiden Beinen auf eine labile Unterlage dann wird die Ausführung erschwert.

 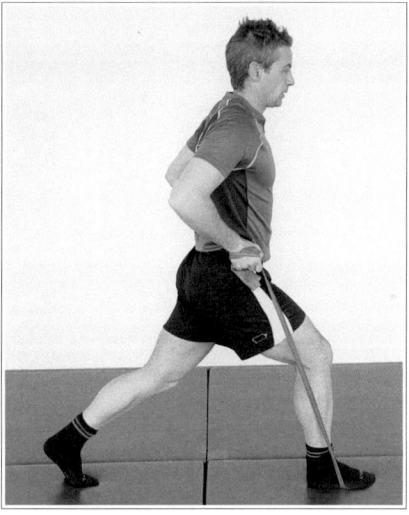

# Beinabduktion

## Variante I

**Trainierte Muskulatur:**

→ Mittlerer Gesäßmuskel

→ Kleiner Gesäßmuskel

→ Oberschenkelbinden-
  spanner

### Ausgangsposition

→ Stellen Sie sich im hüftbreiten Stand auf das Gymnastikband. Überkreuzen Sie es vor den Unterschenkeln und fassen die Enden in neutralem Griff. Die Hände werden in der Taille fixiert.

### Übungsausführung

→ Verlagern Sie das Körpergewicht auf eine Seite und spreizen das entlastete Bein zur Seite ab.

### Varianten

→ Durch Variation der Unterlage kann der Schwierigkeitsgrad der Übung verändert werden. Stellen Sie sich auf eine labile Unterlage dann wird die Ausführung erschwert.

# Beinabduktion
## Variante II

### Ausgangsposition

→ Wickeln Sie das Gymnastikband um
einen Fuß und stellen sich im hüftbreit-
en Stand mit dem anderen darauf. Auf dieser Seite fassen Sie beide
Enden mit der an der Taille fixierten Hand.

| Trainierte Muskulatur: |
| --- |
| → Mittlerer Gesäßmuskel |
| → Kleiner Gesäßmuskel |
| → Oberschenkelbinden-spanner |

### Übungsausführung

→ Verlagern Sie das Körpergewicht auf die dem umwickelten Fuß entgegengesetzte Seite und spreizen das entlastete Bein ab.

### Varianten

→ Durch Variation der Unterlage kann der Schwierigkeitsgrad der Übung
verändert werden. Stellen Sie sich auf eine labile Unterlage dann wird
die Ausführung erschwert.

# Beinbeugen

## Ausgangsposition

→ Wickeln Sie das Gymnastikband um einen Fuß und stellen sich im hüftbreiten Stand mit dem anderen darauf. Auf dieser Seite fassen Sie beide Enden mit der an der Taille fixierten Hand.

## Übungsausführung

→ Verlagern Sie das Körpergewicht auf die dem umwickelten Fuß entgegengesetzte Seite und beugen das entlastete Bein nach hinten. Beide Oberschenkel bleiben parallel und der gesamte Körper aufgerichtet.

## Varianten

→ Durch Variation der Unterlage kann der Schwierigkeitsgrad der Übung verändert werden. Stellen Sie sich auf eine labile Unterlage dann wird die Ausführung erschwert.

# Hüftbeugen

→ Hüftbeuger

→ Gerader Schenkelmuskel

## Ausgangsposition

→ Wickeln Sie das Gymnastikband um einen Fuß und stellen sich im hüftbreiten Stand mit dem anderen darauf. Auf dieser Seite halten Sie beide Enden an der Taille.

## Übungsausführung

→ Verlagern Sie das Körpergewicht auf die dem umwickelten Fuß entgegengesetzte Seite und beugen in der Hüfte des entlasteten Beines so weit nach oben, dass die Hüft- und Kniewinkel 90° betragen. Der Oberkörper bleibt während der Bewegungsausführung aufgerichtet.

## Varianten

→ Durch Variation der Unterlage kann der Schwierigkeitsgrad der Übung verändert werden. Stellen Sie sich auf eine labile Unterlage dann wird die Ausführung schwieriger.

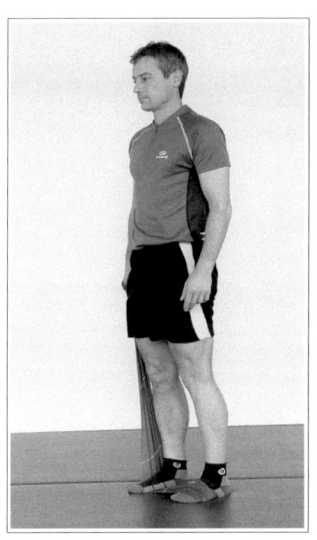 

# Beinstrecken

Trainierte Muskulatur:

→ Vierköpfiger Schenkelstrecker

## Ausgangsposition

→ Legen Sie sich in der Rückenlage mit angestellten Beinen auf den Boden. Das Gymnastikband wickeln Sie um einen Fuß, die Hände fixieren es während der Bewegungsausführung seitlich neben der Hüfte auf dem Boden.

## Übungsausführung

→ Strecken Sie das Bein gegen den Zug des Gymnastikbandes nach oben.

## Varianten

→ Sie können die Beine in der Ausgangsposition auch nach oben anheben, so dass sowohl der Knie- als auch der Hüftwinkel 90° betragen.

# Bridging

## Ausgangsposition

→ Legen Sie sich in der Rückenlage mit angestellten Beinen auf den Boden. Das Gymnastikband wickeln Sie knapp unterhalb der Hüfte um die Oberschenkel, mit den Händen fixieren Sie es neben der Hüfte auf dem Boden.

| Trainierte Muskulatur: |
| --- |
| → Großer Gesäßmuskel |
| → Zweiköpfiger Schenkelbeuger |
| → Halbsehnenmuskel |
| → Plattsehnenmuskel |

## Übungsausführung

→ Heben Sie das Becken so weit vom Boden ab, dass die Oberschenkel eine Linie mit dem Oberkörper bilden. Die Knie schieben nach vorne, die Füße sind gleichmäßig belastet.

## Varianten

→ Durch Variation des Kniewinkels können Sie den Schwierigkeitsgrad der Übung verändern. Je größer dieser ausfällt, desto schwieriger wird die Übung.

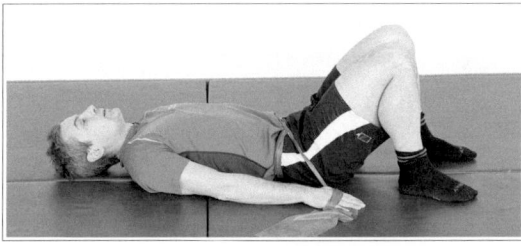

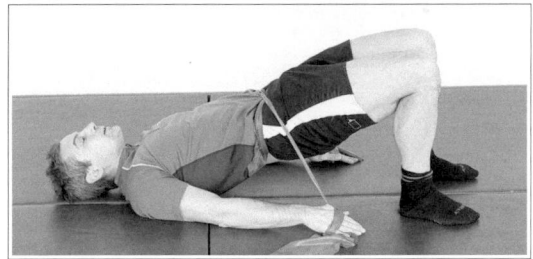

# Bridging einbeinig

## Ausgangsposition

→ Legen Sie sich in der Rückenlage mit angestellten Beinen auf den Boden. Ein Bein ist nach oben angehoben (Hüftwinkel 90°). Das Gymnastikband ist um den angehobenen Unterschenkel gewickelt, die Hände fixieren es neben der Hüfte unter leichtem Zug.

## Übungsausführung

→ Heben Sie das Becken so weit vom Boden ab, dass der Oberschenkel des aufgestellten Beines eine Linie mit dem Oberkörper bildet. Das Knie schiebt nach vorne, der aufgestellte Fuß ist gleichmäßig belastet.

## Varianten

→ Durch Variation des Kniewinkels im angestellten Bein können Sie den Schwierigkeitsgrad der Übung verändern. Je größer dieser ausfällt, desto schwieriger wird die Übung.

 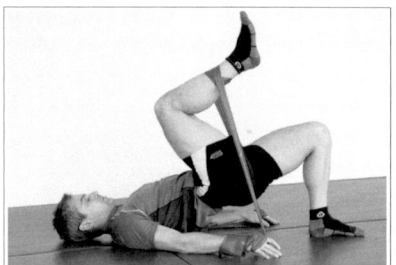

# Hüftstreckung sitzend

## Ausgangsposition

→ Setzen Sie sich mit gestreckten Beinen im Langsitz auf den Boden, das Gymnastikband wickeln Sie so um die Hüfte, dass der Zug von oben kommt. Die Hände fixieren die Enden mit gestreckten Armen hinter dem Rücken.

**Trainierte Muskulatur:**

→ Großer Gesäßmuskel

→ Zweiköpfiger Schenkelbeuger

→ Halbsehnenmuskel

→ Plattsehnenmuskel

## Übungsausführung

→ Heben Sie das Becken so weit vom Boden ab, dass die Oberschenkel eine Linie mit dem Oberkörper bilden.

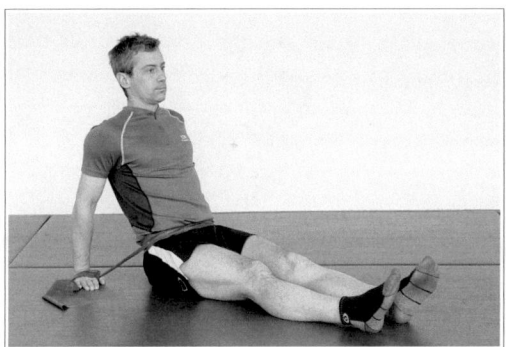

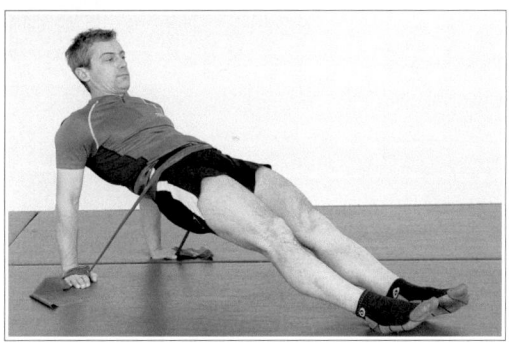

# Hüftstreckung Vierfüßlerstand

## Ausgangsposition

→ Setzen Sie sich mit angewinkelten
Beinen auf den Boden. Das Gymnastikband wickeln Sie so um die Hüfte, dass
der Zug von oben kommt. Die Hände
fixieren die Bandenden mit gestreckten
Armen hinter dem Rücken.

**Trainierte Muskulatur:**

→ Großer Gesäßmuskel
→ Zweiköpfiger
   Schenkelbeuger
→ Halbsehnenmuskel
→ Plattsehnenmuskel

## Übungsausführung

→ Heben Sie das Becken so weit vom Boden ab, dass die Oberschenkel
eine Linie mit dem Oberkörper bilden.

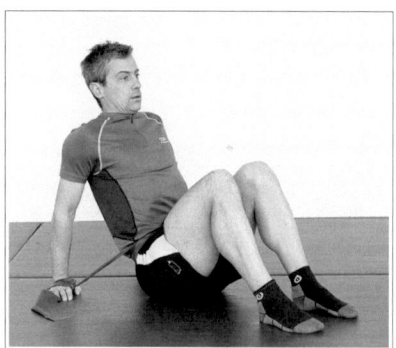 

# Unterschenkel & Füße

# Fußbeugen

## Ausgangsposition

→ Setzen Sie sich mit gebeugten Beinen
auf den Boden und wickeln das Gymnastikband um einen Fuß. Strecken
Sie das Band mit dem anderen Fuß nach unten. Fassen Sie beide Enden
zur Fixierung mit einer Hand.

## Übungsausführung

→ Ziehen Sie die Spitze des umwickelten Fußes gegen des Widerstand des
Bandes zum Körper nach oben.

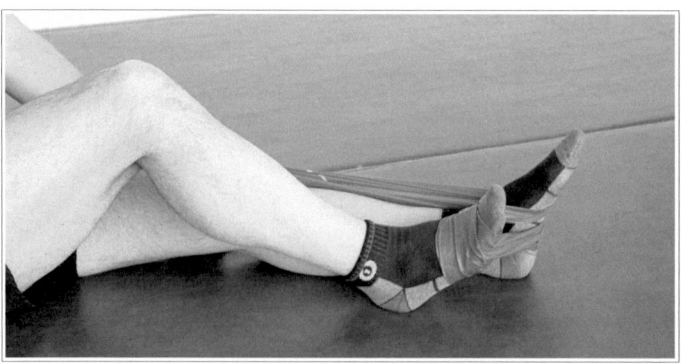

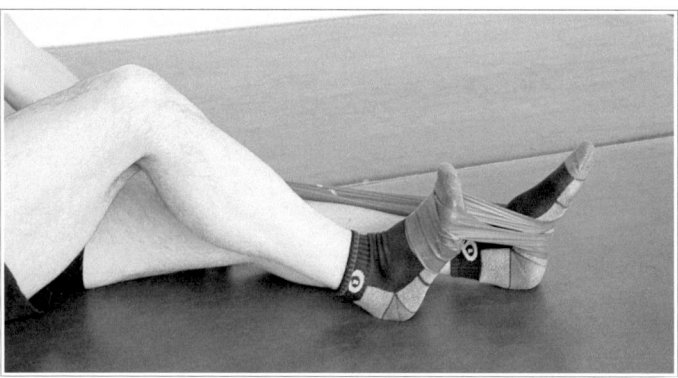

# Fußstrecken

## Ausgangsposition

→ Setzen Sie sich mit gestreckten Beinen
auf den Boden. Wickeln Sie das Gym-
nastikband um einen Fuß und greifen die Enden mit einer Hand.

## Übungsausführung

→ Strecken Sie die Spitze des umwickelten Fußes gegen den Widerstand
des Bandes vom Körper weg nach vorne.

## Varianten

→ Führen Sie die Übung mit angewinkelten Beinen durch. Dadurch verlagert sich der Trainingseffekt vom Zwillingswaden- zum Schollenmuskel.

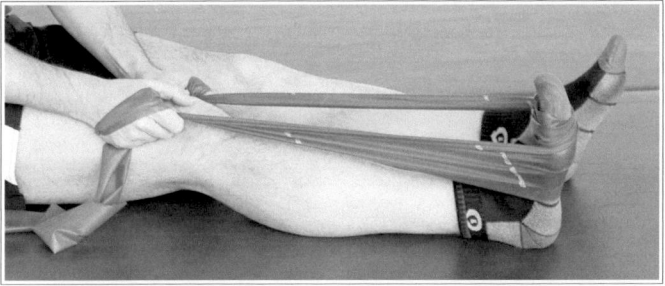

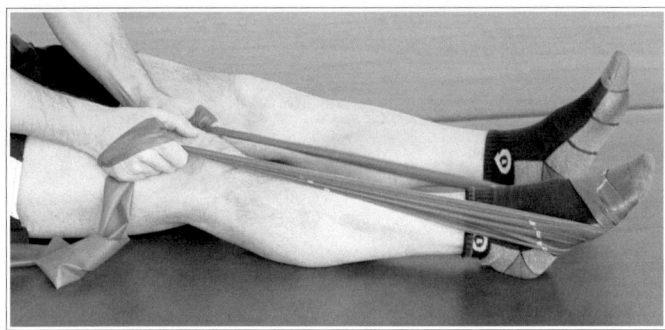

# Fußeindrehen

**Trainierte Muskulatur:**

→ Hinterer Schienbein-
muskel

### Ausgangsposition

→ Setzen Sie sich mit gestreckten Beinen
auf den Boden und wickeln das Gymnastikband um einen Fuß. Das
andere Bein legen Sie über dessen Unterschenkel und strecken das Band
mit der Fußsohle nach unten. Fassen Sie die beiden Bandenden zur Fixierung mit einer Hand.

### Übungsausführung

→ Drehen Sie die Spitze des umwickelten Fußes gegen des Widerstand des
Bandes nach innen.

# Fußausdrehen

→ Langer Wadenbein-
muskel

## Ausgangsposition

→ Setzen Sie sich mit gestreckten Beinen
auf den Boden und wickeln das Gymnastikband um einen Fuß. Mit dem
andere Bein strecken Sie das Band mit der Fußsohle nach unten. Greifen
Sie beide Enden zur Fixierung mit einer Hand.

## Übungsausführung

→ Drehen Sie die Spitze des umwickelten Fußes gegen des Widerstand des
Bandes nach aussen.

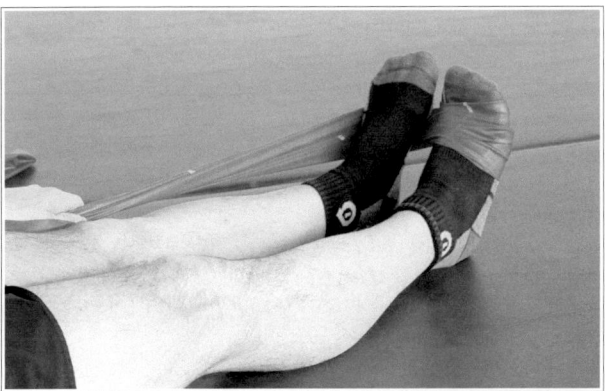

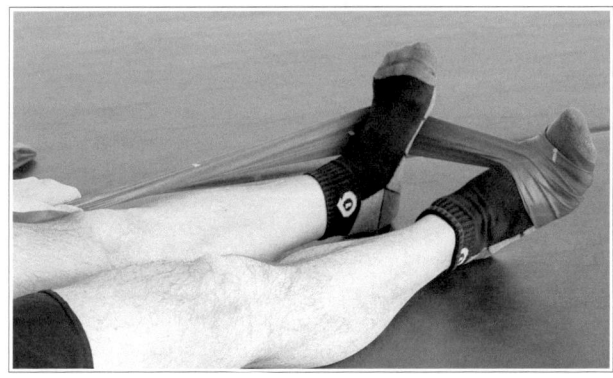

# Komplexübungen

# Fliegender Adler

## Ausgangsposition

→ Stellen Sie sich im hüftbreiten Stand auf das Gymnastikband. Überkreuzen Sie es vor den Unterschenkeln und fassen die Enden im Obergriff vor den Oberschenkeln.

## Trainierte Muskulatur:

→ Mittlerer Gesäßmuskel

→ Kleiner Gesäßmuskel

→ Oberschenkelbinden-spanner

→ Deltamuskel

→ Rotatorenmanschette

## Übungsausführung

→ Verlagern Sie das Körpergewicht auf eine Seite und spreizen das entlastete Bein zur Seite ab. Gleichzeitig heben Sie den diagonalen Arme bis knapp über Kopfhöhe nach oben/außen an. Der Arme rotiert dabei nach außen, so dass die Handfläche in der Endposition nach vorne zeigen.

## Varianten

→ Durch eine labile Unterlage kann der Schwierigkeitsgrad der Übung vergrößert werden.

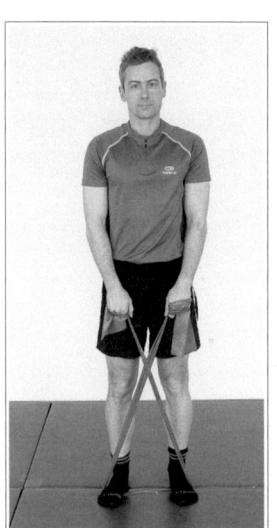 

# Ausfallschritt mit Armstrecken

## Ausgangsposition

→ Wickeln Sie das Gymnastikband um einen Fuß und stellen sich in den hüftbreiten Stand. Mit der diagonalen Hand fassen Sie beide Enden im Untergriff.

## Übungsausführung

→ Verlagern Sie das Körpergewicht zur Seite und machen einen weiten Ausfallschritt mit dem freien Bein. Gleichzeitig strecken Sie den haltenden Arm nach oben.

### Trainierte Muskulatur:

→ Großer Gesäßmuskel

→ Mittlerer Gesäßmuskel

→ Vierköpfiger Beinstrecker

→ Großer & langer Schenkelanzieher

→ Deltamuskel

→ Rotatorenmanschette

→ Äußerer & innerer schräger Bauchmuskel

## Varianten

→ Durch eine labile Unterlage kann der Schwierigkeitsgrad der Übung vergrößert werden.

# Superman

## Ausgangsposition

→ Stellen Sie sich in der Schrittstellung mit dem hinteren Fuß auf das Gymnastikband und halten die Enden mit gestreckten Armen in neutralem Griff.

## Übungsausführung

→ Gleichzeitig mit eine Körpervorverlagerung heben Sie das hintere Bein nach oben und die Arme mit einer Auswärtsrotation nach vorne, so dass die Handflächen in der Endposition nach oben zeigen. Der Oberkörper und das hintere Bein bilden eine Gerade, je tiefer Sie den Oberkörper absenken, desto schwieriger wird die Übungsausführung.

## Varianten

→ Beugen Sie in der Endposition das Standbein. Durch eine labile Unterlage kann die Übung zusätzlich erschwert werden.

**Trainierte Muskulatur:**

→ Großer Gesäßmuskel

→ Zweiköpfiger Schenkelbeuger

→ Halbsehnenmuskel

→ Plattsehnenmuskel

→ Deltamuskel

→ Rotatorenmanschette

# Kniebeugen mit Armheben

## Ausgangsposition

→ Stellen Sie sich im hüftbreiten Stand
auf das Gymnastikband und halten die
Enden in neutralem Griff an der Taille.

## Übungsausführung

→ Gehen Sie mit geradem Rücken in die Kniebeuge. Gleichzeitig strecken
Sie die Arme mit einer Auswärtsrotation nach vorne/oben, so dass die
Hände am Bewegungsende auf Schulterhöhe nach innen/oben zeigen.
Achten Sie darauf, dass der Rücken während der Bewegung gerade ist.

## Varianten

→ Durch Variation der Unterlage kann der Schwierigkeitsgrad der Übung
verändert werden.

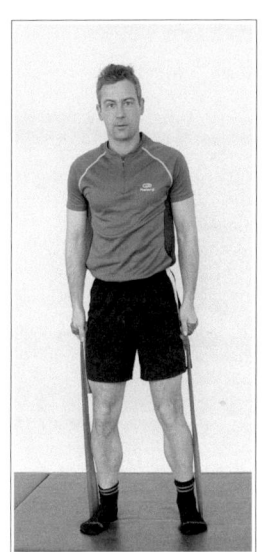

# Skiläufer

## Ausgangsposition

→ Stellen Sie sich in den hüftbreiten
Stand, das Gymnastikband ist jeweils
einzeln um die Füße gewickelt und wird
mit gestreckten Armen im Neutralgriff
neben den Oberschenkeln gehalten.

## Übungsausführung

→ Gleichzeitig mit eine Körpervorverlagerung heben Sie ein gestrecktes Bein
nach hinten und die diagonale Hand
nach vorne. Der andere Arm wird gleichzeitig nach hinten gestreckt. Der
Oberkörper und das hintere ge-streckte Bein bilden eine Gerade.

## Varianten

→ Durch eine labile Unterlage kann die Übung erschwert werden.

**Trainierte Muskulatur:**

→ Großer Gesäßmuskel

→ Zweiköpfiger
Schenkelbeuger

→ Halbsehnenmuskel

→ Plattsehnenmuskel

→ Deltamuskel

→ Großer Brustmuskel

→ Breiter Rückenmuskel

→ Großer Rundmuskel

# Aufrichten mit Rotation

## Ausgangsposition

→ Stellen Sie sich im weiten Stand mit einem Fuß auf das Gymnastikband. Die Knie sind leicht gebeugt, der Oberkörper in Richtung des fixierenden Fußes nach vorne gebeugt. Die Bandenden greifen Sie mit den gestreckten Armen vor dem Körper.

**Trainierte Muskulatur:**

→ Äußerer & innerer schräger Bauchmuskel

→ Rückenstrecker

→ Großer Brustmuskel

→ Deltamuskel

→ Rotatorenmanschette

## Übungsausführung

→ Richten Sie den Oberkörper zur Seite auf und nehmen dabei die Arme über die Diagonale mit nach oben. Halten Sie während der Bewegung unbedingt eine leichte Bauchspannung um die Wirbelsäule zu stabilisieren.

## Varianten

→ Durch eine labile Unterlage kann die Übung erschwert werden.

# Diagonal Lift

## Ausgangsposition

→ Gehen Sie in den Vierfüßlerstand, die Hüfte ist senkrecht über den Knien, die Schultern senkrecht über den Händen. Das Gymnastikband wickeln Sie um einen Fuß und fixieren die Enden mit den Händen auf dem Boden.

## Übungsausführung

→ Strecken Sie gleichzeitig das Bein mit dem fixierten Gymnastikband sowie den diagonalen Arm. Die Hand schiebt am kleinen Finger nach vorne und dreht während des Anhebens nach oben. Halten Sie während der Ausführung eine leichte Bauchspannung um die Wirbelsäule in ihrer geraden und gestreckten Ausrichtung zu stabilisieren. Die Becken- und Schulterachse sind während der gesamten Bewegung horizontal ausgerichtet.

## Varianten

→ Durch eine labile Unterlage unter den Händen und/oder Knien kann die Übung erschwert werden.

# Star

## Ausgangsposition

→ Gehen Sie in den Liegestütz. Die Enden des Gymnastikbandes sind um die Hände gewickelt und stehen unter leichtem Zug.

## Übungsausführung

**Trainierte Muskulatur:**

→ Äußerer & innerer schräger Bauchmuskel

→ Rückenstrecker

→ Großer Brustmuskel

→ Deltamuskel

→ Rotatorenmanschette

→ Heben Sie eine Hand vom Boden ab und drehen sich zur Seite, die Füße liegen am Bewegungsende seitlich auf. Die abgehobene Hand strecken Sie mit der Rotation nach oben, so dass die Handfläche abschließend nach vorne zeigt. Halten Sie während der Ausführung eine leichte Bauchspannung um die Wirbelsäule in ihrer geraden und gestreckten Ausrichtung zu stabilisieren. Die Becken und Schulterachse sind während der gesamten Bewegung parallel ausgerichtet, der gesamte Körper „wie ein Brett" fixiert.

## Varianten

→ Durch eine labile Unterlage unter den Händen und/oder Füßen kann die Übung erschwert werden.

# Aufrollen mit Trizepsdrücken

**Trainierte Muskulatur:**

→ Gerader Bauchmuskel

→ Deltamuskel

→ Breiter Rückenmuskel

→ Armbeuger

→ Armstrecker

## Ausgangsposition

→ Gehen Sie auf dem Boden mit gestreckten Beinen in die Rückenlage, das Gymnastikband ist um die Füße gewickelt. Halten Sie die Bandenden mit den gestreckten Armen im neutralen Griff.

## Übungsausführung

→ Richten Sie den Oberkörper Wirbel für Wirbel nach oben auf. Gleichzeitig beugen Sie den Ellenbogen, so dass Sie das Gymnastikband bei der Aufrichtung unterstützt. Oben angekommen halten Sie den Oberkörper in der Vorbeuge und strecken die Arme nach hinten.

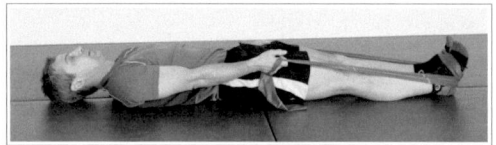

# Unterarmstütz

## Ausgangsposition

→ Gehen Sie in den Unterarmstütz. Das Gymnastikband wickeln Sie um einen Fuß und fixieren die Enden mit den Händen auf dem Boden.

## Übungsausführung

→ Heben Sie das Bein mit dem fixierten Band nach oben. Halten Sie während der Ausführung eine leichte Bauchspannung um die Wirbelsäule in ihrer geraden und gestreckten Ausrichtung zu stabilisieren. Die Becken- und Schulterachse sind während der gesamten Bewegung horizontal ausgerichtet.

**Trainierte Muskulatur:**

→ Gerader Bauchmuskel

→ Äußerer & innerer schräger Bauchmuskel

→ Rückenstrecker

→ Großer Brustmuskel

→ Deltamuskel

→ Großer Gesäßmuskel

## Varianten

→ Durch eine labile Unterlage unter den Unterarmen und/oder Füßen kann die Übung erschwert werden.

# Anhang

# Muskelübersicht

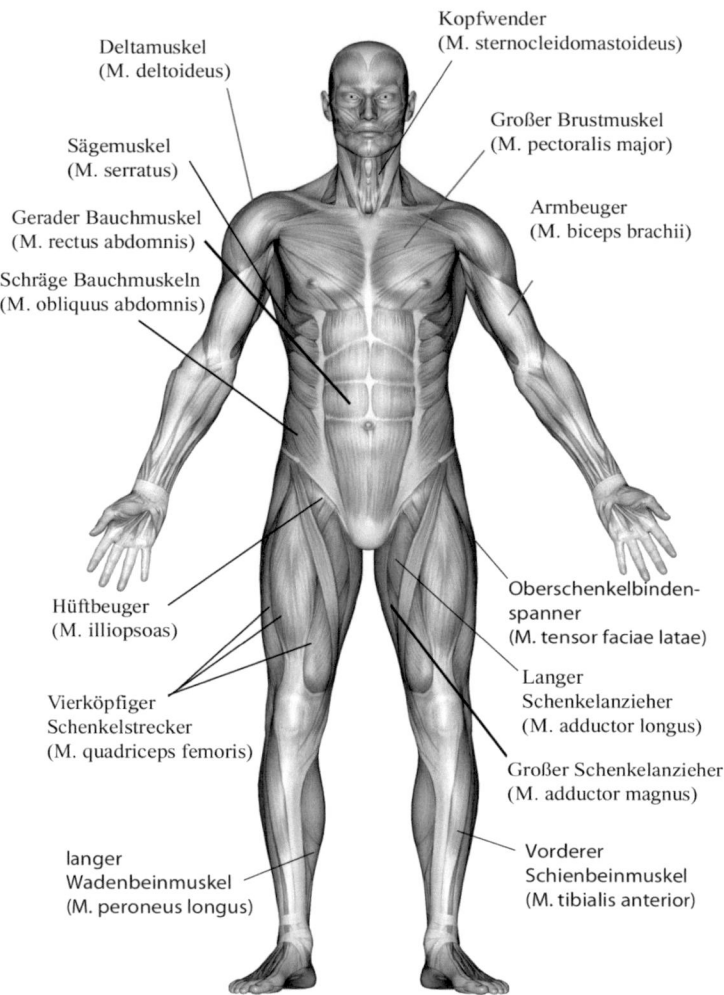

Deltamuskel
(M. deltoideus)

Kopfwender
(M. sternocleidomastoideus)

Sägemuskel
(M. serratus)

Großer Brustmuskel
(M. pectoralis major)

Gerader Bauchmuskel
(M. rectus abdomnis)

Armbeuger
(M. biceps brachii)

Schräge Bauchmuskeln
(M. obliquus abdomnis)

Hüftbeuger
(M. illiopsoas)

Oberschenkelbinden-
spanner
(M. tensor faciae latae)

Vierköpfiger
Schenkelstrecker
(M. quadriceps femoris)

Langer
Schenkelanzieher
(M. adductor longus)

Großer Schenkelanzieher
(M. adductor magnus)

langer
Wadenbeinmuskel
(M. peroneus longus)

Vorderer
Schienbeinmuskel
(M. tibialis anterior)

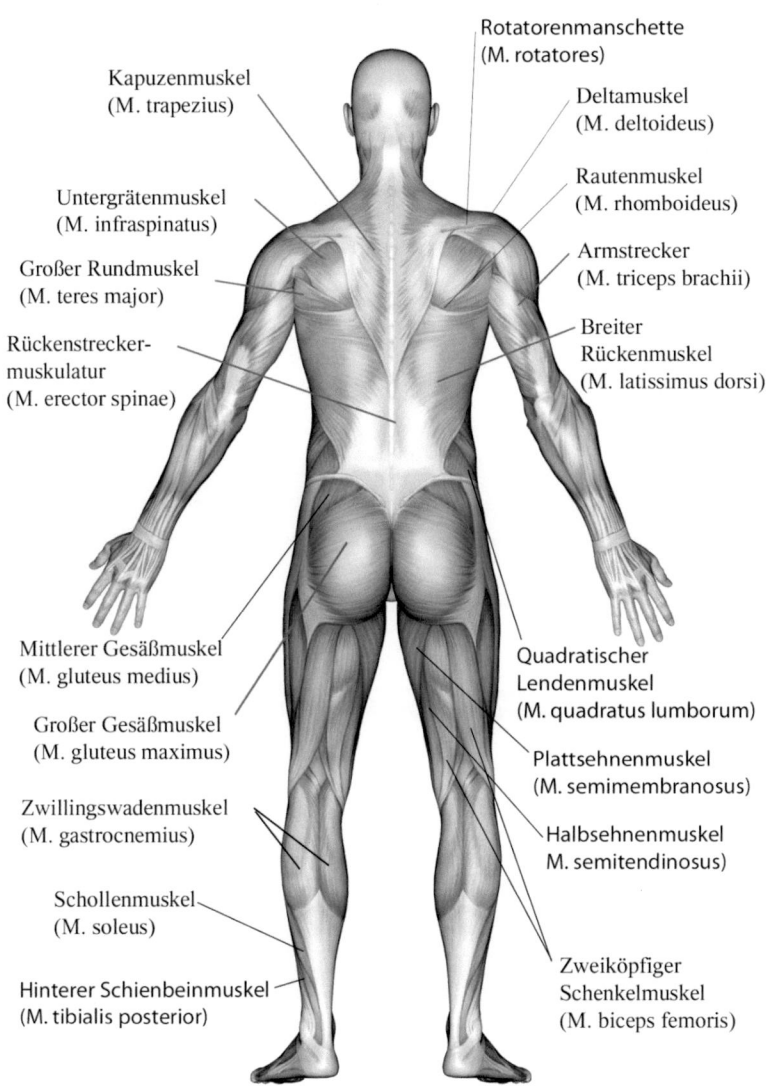

Kapuzenmuskel
(M. trapezius)

Untergrätenmuskel
(M. infraspinatus)

Großer Rundmuskel
(M. teres major)

Rückenstrecker-
muskulatur
(M. erector spinae)

Rotatorenmanschette
(M. rotatores)

Deltamuskel
(M. deltoideus)

Rautenmuskel
(M. rhomboideus)

Armstrecker
(M. triceps brachii)

Breiter
Rückenmuskel
(M. latissimus dorsi)

Mittlerer Gesäßmuskel
(M. gluteus medius)

Großer Gesäßmuskel
(M. gluteus maximus)

Zwillingswadenmuskel
(M. gastrocnemius)

Schollenmuskel
(M. soleus)

Hinterer Schienbeinmuskel
(M. tibialis posterior)

Quadratischer
Lendenmuskel
(M. quadratus lumborum)

Plattsehnenmuskel
(M. semimembranosus)

Halbsehnenmuskel
M. semitendinosus)

Zweiköpfiger
Schenkelmuskel
(M. biceps femoris)

# Literatur & Internet

## Literatur

Bimbi-Dresp, Michaela: Pilates mit dem Thera-Band; Gräfe und Unzer Verlag; München 2010

Boyle, Michael: Functional Training for Sports; Human Kinetics; Champaign, USA 2004

Buscher, Cumming, Ratajczyk: Fit mit dem Übungsband; Ludwig Artzt GmbH, Dornburg

Delavier, Frederic: Muskel Guide – Gezieltes Krafttraining, Anatomie; blv Verlagsgesellschaft; München 2003

Dorit Herpel, Mirelle: Richtig trainieren mit dem Thera-Band; blv Verlagsgesellschaft; München 2009

Freese, Jens: Medizinische Fitness; Deutscher Trainer Verlag; Köln 2006

Häfelinger, Ulla: DTB-Kursleiter/in Pilates Skript Einsteigerkurs; DTB Akademie; Frankfurt

Häfelinger, Ulla: DTB-Kursleiter/in Pilates Skript Aufbaukurs; DTB Akademie; Frankfurt

Häfelinger, Ulla: DTB-Trainer/in Pilates Skript Qualifizierungskurs Stufe 3; DTB Akademie; Frankfurt

Häfelinger, Ulla: DTB-Trainer/in Pilates Skript Qualifizierungskurs Stufe 4; DTB Akademie; Frankfurt

Kempf, Strack: Krafttraining mit dem Thera-Band; Reinbek-Verlag; Hamburg 1999

May, Rico: Das ABC der Leichtathletik. In: leichtathletik training, 12/2009; Philippka Sportverlag; Münster 2009

Page, Phil; Ellenbecker, Todd: Strength Band Training.; Human Kinetics; Champaign, USA 2005

Platzer, Werner: Taschenatlas Anatomie – Band 1 Bewegungsapparat; Thieme Verlag; Stuttgart 2005

Price, Justin; Sharp Frances: Functional Training Illustrated; Alpha Books; New York, USA 2009

Röwekamp, Andrea: Theraband & Pezziball; Copress Verlag; München 2005

Schurr, Stefan: Kraft & Beweglichkeit im Ausdauersport; BoD Verlag; Norderstedt 2005

S-E-T 1 Fortbildungsunterlagen, redcord Schulungsprogramm; 2009

Verstegen, Mark; Williams, Pete: Das Core Programm; Südwest Verlag; München 2007

# Internet

www.coreperformance.com

www.fitness.com

www.youtube.de

www.fitness4mma.de